O CÓDIGO DOS
NEGÓCIOS EXTRAORDINÁRIOS

CARO(A) LEITOR(A),
Queremos saber sua opinião sobre nossos livros.
Após a leitura, curta-nos no **linkedin.com/company/editora-gente**,
siga-nos no TikTok **@editoragente** e no Instagram **@editoragente**,
e visite-nos no site **www.editoragente.com.br**.
Cadastre-se e contribua com sugestões, críticas ou elogios.

MARCOS ALEXANDRE

O CÓDIGO DOS NEGÓCIOS EXTRA ORDINÁ RIOS

Os três pilares para empreender sem sofrimento, ficar rico e construir um legado que impacte gerações

Gente
editora

Diretora
Rosely Boschini

Gerente Editorial Sênior
Rosângela de Araujo Pinheiro Barbosa

Editora Júnior
Rafaella Carrilho

Assistente Editorial
Fernanda Costa

Produção Gráfica
Fábio Esteves

Preparação
Andréa Bruno

Capa
Thiago de Barros

Projeto Gráfico e Diagramação
Linea Editora

Revisão
Fernanda Guerriero Antunes
Laura Folgueira

Impressão
Edições Loyola

Copyright © 2023 by Marcos Alexandre
Todos os direitos desta edição
são reservados à Editora Gente.
Rua Natingui, 379 – Vila Madalena
São Paulo, SP – CEP 05443-000
Telefone: (11) 3670-2500
Site: www.editoragente.com.br
E-mail: gente@editoragente.com.br

Dados Internacionais de Catalogação na Publicação (CIP)
Angélica Ilacqua CRB-8/7057

Alexandre, Marcos
  O código dos negócios extraordinários : os três pilares para empreender sem sofrimento, ficar rico e construir um legado que impacte gerações / Marcos Alexandre. - São Paulo : Editora Gente, 2023.
  192 p.

ISBN 978-65-5544-360-8

1. Negócios 2. Sucesso nos negócios 3. Empreendedorismo 4. Desenvolvimento profissional I. Título

23-3804   CDD 650.1

Índice para catálogo sistemático:
1. Sucesso nos negócios

NOTA DA PUBLISHER

A paisagem do empreendedorismo é pintada com tons vibrantes de sonhos e aspirações. Todos desejam alcançar a independência financeira, fazer o que amam e trilhar o caminho da felicidade ao comandar seus próprios negócios. No entanto, em meio a esse panorama promissor, muitos se deparam com a dura realidade dos desafios inerentes a empreender. Desde a frustração de lidar com clientes inadimplentes e a queda nas vendas até a alta rotatividade de colaboradores e a desorganização financeira, o sonho rapidamente pode se transformar em pesadelo. Em um piscar de olhos, o empreendedor encontra-se imerso em um verdadeiro caos, questionando como seria possível encontrar felicidade nessa jornada empreendedora.

Em um cenário assim, a incerteza, o medo e a exaustão emocional parecem assolar cada passo que você dá. Os desafios parecem intransponíveis e, em alguns momentos, é difícil manter a motivação diante das adversidades que se apresentam. Mas a verdade é que não precisa ser assim...

Em *O código dos negócios extraordinários*, o empreendedor de sucesso Marcos Alexandre, que já enfrentou as mesmas dificuldades que você talvez esteja enfrentando hoje, compartilha toda a sua sabedoria e experiência para ajudar você, leitor, a conquistar não só o sucesso nos negócios, mas a felicidade em empreender. Aqui, você encontrará um método exclusivo, composto por três pilares fundamentais: sabedoria emocional, construção de riquezas e felicidade plena.

Embarque nesta leitura rica e permita que os ensinamentos de Marcos Alexandre guiem seus passos empreendedores. Com determinação e o conhecimento certo, você poderá transformar seu pesadelo em um sonho renovado, repleto de realizações e satisfação pessoal. Ao fim, você descobrirá que empreendedorismo e felicidade combinam – e muito!

Rosely Boschini
CEO e Publisher da Editora Gente

AGRADECIMENTOS

Que felicidade é poder compartilhar meus conhecimentos com tantas pessoas e contribuir para o desenvolvimento delas por meio deste livro. Nada disso seria possível sem o apoio de meus pais e tudo o que vivenciei na roça, morando em uma casa sem energia elétrica, com privações, onde só fui experimentar açúcar aos 10 anos.

Agradeço profundamente a Deus e a meus lindos pais, que tanto acreditaram em mim e me ensinaram, mesmo sem terem frequentado a escola; minha mãe, inclusive, era analfabeta. Infelizmente, eles não estão mais aqui para presenciar este momento.

Agradeço também à minha irmã Maria José, que ligava para a empresa quando apenas meu sobrinho, minha esposa e eu trabalhávamos nela, querendo saber se havíamos realizado alguma venda. Quando o telefone tocava, nosso coração se enchia de esperanças, pois achávamos que era o retorno de um possível cliente. E também à minha irmã mais velha, Maria Isabel, que me acolheu em Belo Horizonte em 1998.

A meus sobrinhos e sobrinhas, o meu muito obrigado.

Agradeço também a Márcio José, meu sobrinho e sócio no primeiro negócio. A todos os colaboradores que participaram e participam da minha jornada empreendedora. Obrigado aos meus parceiros de negócios, fornecedores e clientes, que confiaram em mim. Sem essas pessoas, eu não teria construído nenhum sucesso.

Aloísio Sotero, William Almeida, Wildson Caldeira e Mari Coelho: obrigado por contribuírem com a leitura e feedback dos textos. À Editora Gente e equipe, que confiaram em meu trabalho e me proporcionaram esse relevante canal.

Todo o meu agradecimento aos professores das escolas e ministradores de diversos treinamentos e formações que fiz até aqui. Aos escritores que somaram comigo por meio de suas literaturas. Aos líderes das igrejas que frequentei e que também somaram com minha educação e crescimento.

E também a José Roberto Marques, criador do método PSC, em que pude ter a virada de chave para melhor na gestão emocional e de pessoas. A Marcus Marques e demais colegas do Mastermind Giants, que me proporcionaram ambientes e conexões importantes. Ao João Kepler, o maior investidor-anjo do Brasil, que me impulsionou a escrever este livro, além de me mentorear com grande sabedoria na abertura da minha primeira startup.

Além disso, sou grato a todos os empreendedores que fazem a diferença na sociedade por meio de seus altruísmos. Vocês são heróis e merecedores de todo sucesso e felicidade!

Enfim, meu muito obrigado à minha esposa, Daniela, e às minhas filhas Aléxia e Alícia, que tanto me trazem aconchego, carinho e bem-estar, incentivando-me a ser um empreendedor e uma pessoa melhor e, por meio do meu propósito, deixar um grande legado.

> "Já enfrentei grandes desafios, já sofri muitas dores no mundo empresarial, desde gestão de pessoas, finanças, expansões, crises, momentos bons e ruins. **Já vivi momentos em que não aguentava mais e duvidei da minha escolha de empreender!** Já venci muitos obstáculos e hoje tenho total tranquilidade para falar sobre empreender com felicidade."

GRATIDÃO AOS PARCEIROS QUE NOS APOIARAM NO LANÇAMENTO DESTA OBRA

- EMBALAGENS M2B
- prātis — Inteligência Comercial
- felicidade empreendedora — revolucionando empresas
- Direcional — Fusões & Aquisições | Valuation
- SME — THE NEW EDUCATION
- EFICAZ — Gestão Tributária
- SA
- Amapá
- INSPECT APP — FORMULÁRIOS INTELIGENTES
- WAVE TECNOLOGIA — SOLUÇÕES EM TI AO SEU ALCANCE
- MAXILINE PROFISSIONAL
- CASA DAS VÁLVULAS — EQUIPAMENTOS HIDRÁULICOS INDUSTRIAIS
- CARTONIFÍCIO Valinhos
- fapolpa — Papel e Embalagens
- simplee — Finanças do seu jeito

SUMÁRIO

PREFÁCIO
13

INTRODUÇÃO
EMPREENDER NÃO PRECISA SER DIFÍCIL
17

CAPÍTULO 1
DO SONHO AO PESADELO
24

CAPÍTULO 2
MANADA DA SOFRÊNCIA
30

CAPÍTULO 3
SUA EMPRESA RUMO AO SUCESSO
44

MATERIAL DE APOIO
190

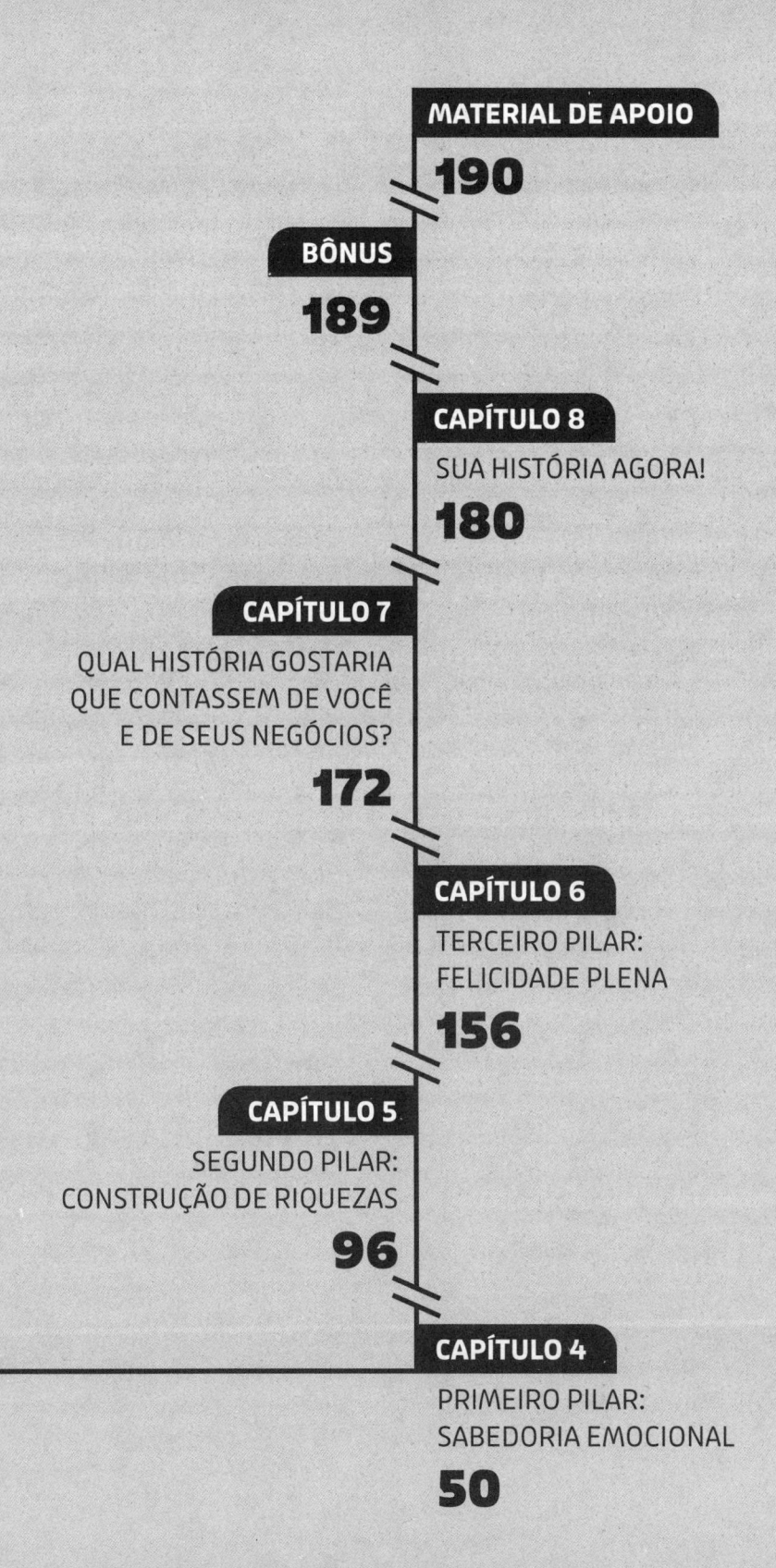

BÔNUS
189

CAPÍTULO 8
SUA HISTÓRIA AGORA!
180

CAPÍTULO 7
QUAL HISTÓRIA GOSTARIA
QUE CONTASSEM DE VOCÊ
E DE SEUS NEGÓCIOS?
172

CAPÍTULO 6
TERCEIRO PILAR:
FELICIDADE PLENA
156

CAPÍTULO 5
SEGUNDO PILAR:
CONSTRUÇÃO DE RIQUEZAS
96

CAPÍTULO 4
PRIMEIRO PILAR:
SABEDORIA EMOCIONAL
50

PREFÁCIO

Antes de ser um profissional notável, seja um ser humano incrível. Esse princípio é básico, principalmente se você deseja realizar grandes feitos e influenciar pessoas. Hoje em dia, não é difícil identificar essa qualidade – infelizmente, os seres humanos têm se tornado verdadeiros avatares de si mesmos, que se preocupam apenas com sua imagem e postura profissional, mas se esquecem do quanto é importante construir uma base familiar sólida e um convívio social saudável. E é justamente essa base e sua conduta que vão ter influência direta em seus resultados e empreendimentos.

No mundo do empreendedorismo, do qual faço parte há mais de vinte anos, posso dizer com convicção que os empreendedores que mais se destacam são os que conseguem encontrar o equilíbrio entre o trabalho e a família. São aqueles que não deixam o ego dominar suas ações e que, além de aguerridos e focados, nunca deixam de lado a empatia e o bom senso – independentemente do sucesso ou do tamanho de seu negócio.

Definitivamente, construir riquezas por meio de uma administração simples e poderosa deveria ser o foco de todo empreendedor.

Quando alguém entende que sua felicidade pode (e deve) estar atrelada ao seu sucesso como pessoa, não apenas como profissional, sua visão e ações tendem a mudar de maneira irreversível. Nada é mais poderoso do que o autoconhecimento e a certeza de que seu maior legado são as conquistas intangíveis com base na sabedoria e na evolução de quem busca a felicidade e o sucesso na mesma medida.

Sem dúvida, Marcos Alexandre é um bom exemplo desse equilíbrio, e você poderá conferir boa parte dos seus resultados e aprendizados nas páginas seguintes. Através de suas dicas e orientações, você chegará à conclusão de que ter um negócio e empreender não significa necessariamente um sacrifício.

Note como tudo que foi dito está conectado. Como digo com frequência: antes de entender de negócios, é preciso entender um pouco de relacionamento e de GENTE.

Tenho colecionado em minhas anotações alguns pontos de atenção sobre diversas pessoas que venho observando, bem como a importância do equilíbrio para a sobrevivência neste mercado e para se dar bem na vida, não apenas nos negócios.

Quanto à formação de uma pessoa (e digo formação no sentido literal da palavra), destaco quatro pontos fundamentais para que os demais sejam desenvolvidos ao longo da vida:

- A inteligência, sem humildade, faz de você alguém perverso.
- A autoconfiança, sem modéstia, faz de você uma pessoa implacável.
- A diplomacia, sem honestidade, faz de você um hipócrita.
- O êxito, sem noção, torna-o arrogante.

Infelizmente, quando muitas pessoas chegam ao que para elas é o "topo", perdem sua essência, confundem seus princípios e passam a ter seus valores questionados. Isso pode acontecer pelos seguintes motivos:

Prefácio

- A riqueza, sem caridade, torna-o avarento.
- A autoridade, sem respeito, torna-o tirano.
- O trabalho, sem tempo livre, faz de você escravo.
- A simplicidade, sem autoconhecimento, deprecia-o.
- A influência, sem "semancol", deixa-o metido.
- A certeza, sem a dúvida, faz de você um ignorante.
- A empatia, sem compaixão, torna-o dissimulado.

No ambiente de trabalho, é preciso tomar alguns cuidados para não se tornar uma pessoa indesejável aos olhos dos outros, e sim ser reconhecido pelo seu profissionalismo. A atitude, sem disciplina, faz de você uma pessoa desorganizada.

- A iniciativa, sem cautela, torna-o descuidado.
- A negociação, sem o respeito, deixa-o rude.
- O networking, sem a troca, faz de você um inútil.
- A colaboração, sem empatia, torna-o solitário.
- A atitude, sem o hábito, faz você esquecer.
- A liderança, sem firmeza, faz você ser servil.
- O empreendedorismo, sem transformação, não o modifica.

E, por último, e tão importante quanto, eu destaco alguns pontos que fazem você manter os pés no chão e ser uma pessoa incrível, e não simplesmente um empreendedor de destaque no mercado. No final, as pessoas vão lembrar de você pelo que você é e pelo que fez por elas, e não pelos seus títulos e conquistas materiais.

- A conquista, sem gratidão, faz de você egoísta.
- A riqueza, sem generosidade, torna-o ganancioso.
- O conhecimento, sem compartilhamento, faz de você um inútil.
- A esperança, sem atitude, torna-o um perdedor.
- A beleza, sem recato, faz de você uma pessoa ridícula.

Pronto para absorver mais dicas e refletir sobre o ponto em que está e aonde pretende chegar?

Boa leitura e jornada junto ao Marcos Alexandre, grande ser humano e empreendedor.

João Kepler

Escritor, anjo-investidor, conferencista, apresentador de TV, podcaster e pai de empreendedores. Especialista na relação empreendedor-investidor, foi premiado quatro vezes como o Melhor Anjo-Investidor do Brasil pelo Startup Awards. É CEO da Bossanova Investimentos, que realizou mais de 1.500 investimentos em startups nos últimos seis anos. JK está conectado com o que há de mais inovador no mundo dos negócios e por isso é conselheiro de várias empresas e entidades. Autor de diversos livros, publicou pela Editora Gente *Smart money*; *Os segredos da gestão ágil por trás das empresas valiosas*; *Se vira, moleque!*; *O poder do equity*; e, o mais recente, *Inevitável*.

INTRODUÇÃO
EMPREENDER NÃO PRECISA SER DIFÍCIL

Quando se trata de empreender, surgem duas perspectivas mais comuns acerca do assunto. De um lado, estão as pessoas que acham que empreender é trabalhar menos e ganhar mais, além de tirar férias e trabalhar quando quiser. Do outro, sob o prisma de quem já está inserido na realidade do empreendedorismo, estão os que sofrem trabalhando muito e obtendo baixo resultado, com dívidas impagáveis, solidão, arrependimentos e dúvidas – ou seja, aqueles que estão vivendo na corrida dos ratos.

O que muitos não sabem, porém, é que há um terceiro grupo. Este, um pouco mais raro e, infelizmente, ainda restrito: o das pessoas que já experienciaram as dores de gerir um negócio, mas que, ao realizar mudanças simples e corretas, mudaram o rumo da empresa. Faço parte desse grupo e vale ressaltar que, para isso acontecer, eu me tornei outra pessoa antes de passar por essa transformação. Meus próprios erros, causadores de tantas frustrações, me fizeram ser outro empresário.

Minha transformação, porém, começa antes mesmo de empreender de fato. Quando nasci, em 1977, no interior de Minas Gerais, minha mãe já tinha seus 45 anos. Cresci no campo e aprendi a fazer o que meus pais faziam. Desde os 7 anos, ia para o curral tirar leite com meu pai e muitas vezes deixei de ir à escola para ajudar a moer cana no engenho para fazer rapadura. Produzíamos de tudo para nossa subsistência: o arroz plantado no brejo, com altas dificuldades de preparo do solo, feijão, mandioca, milho. A batata-doce assada, a banana cozida e as broas naturais eram os nossos pães no café da manhã e da tarde. A carne era enlatada e conservada na banha de porco.

Certo dia, acompanhando minha mãe em uma visita, vi uma mulher colocando um pó branco no café e fiquei sabendo que se tratava de açúcar, cuja cor era bem diferente da rapadura e do melado usados em nossa casa.

Na escola da roça, estudávamos todos em uma só sala, da primeira à quarta série, com apenas uma professora. Entrei na escola um ano atrasado e ainda fiquei um ano sem estudar por ter apanhado de colegas e minha mãe me retirado da escola a fim de me proteger. Eu apelava com apelidos e bullying, pois parecia um bicho do mato, já que meus pais nunca me deixaram ter amigos que não fossem do ciclo da igreja que frequentávamos e não havia outras crianças onde morávamos. Eu, o filho caçula, minha irmã mais nova era nove anos mais velha, sendo que, de um total de oito irmãos, meu único irmão era doze anos mais velho, e entre mim e minha irmã mais velha havia uma diferença de 26 anos. Minha irmã mais nova se casou cedo e eu fiquei sozinho com meus pais, crescendo e estudando isolado, sem ter ninguém para me ajudar ou me defender na escola. Tive que me virar sozinho, muitas vezes apanhando de graça de pessoas com tamanho desproporcional ao meu.

Não tinha brinquedos, e jogar bola, nem pensar. Na minha casa não havia energia elétrica e, mesmo quando meu pai colocou, anos mais tarde, era proibido ter televisão. Meus pais me criaram com as melhores intenções e amor, porém me exigindo viver uma vida de adulto mesmo sendo criança. Nunca se comemorava aniversário ou qualquer outra data.

Introdução

As regras em casa eram pesadas e, depois de qualquer pequeno vacilo, as marcas nas minhas costas pelas varas de guaxima se tornavam como o mapa do metrô de Paris, porém com as linhas na cor vermelha.

Um dos desafios da infância foi trocar a escola da roça pela da cidade quando fui para o quinto ano, um pouquinho atrasado, já com meus 12 anos. A adaptação foi complicada, estudando no ano seguinte com todos os colegas bem mais velhos numa turma à noite, o que me fez amadurecer mais rápido. Eu era obrigado a aceitar bullying sem chance de reagir.

Com uma cultura de repressão forte a costumes, eu me perguntava o que de bom eu poderia fazer, já que na igreja eu era proibido de fazer tudo que pudesse me divertir. No meu conceito e na minha experiência daquele momento, mais parecia o caminho ao inferno do que ao céu. Não me parecia um fardo leve como estava escrito na Bíblia. Mas a culpa, claro, não era da Bíblia nem de Deus.

Quando eu tinha 14 anos, meu pai me deu liberdade para escolher entre ir à igreja e fazer algumas coisas de que eu gostava, mas me dizia que, se eu me machucasse jogando bola, não me levaria para o hospital. Mas claro que levaria, pois ele me amava. Eram apenas ameaças. Quantas vezes ele, em vez de me tirar da cama às cinco da manhã, ia atrás de cavalo, preparava-o e ainda deixava o café na mesa para eu tomar e ir para a escola a cavalo.

Eles sempre quiseram o melhor para mim e, dentro da compreensão deles, fizeram tudo que achavam ser o certo na minha educação. E, mesmo tudo parecendo muito exagerado, isso contribuiu demais para que eu chegasse aonde estou. O fato é que, em vez de me vitimizar, aprendi a me virar até mesmo nas horas em que tudo parecia ser impossível – mais tarde, isso foi refletido positivamente em alguns momentos difíceis na empresa.

Aos 18 e 19 anos, insisti muito para convencê-los a me permitir buscar outra experiência profissional. Passei em um concurso do Instituto Brasileiro de Geografia e Estatística (IBGE) e mesmo assim meu pai não aceitava que eu trabalhasse em outra atividade que não fosse com ele. Ele propôs passar para o meu nome a metade de tudo que ele tinha para que eu me comprometesse a continuar morando com eles. Logicamente não aceitei a proposta, pois achava injusto com meus irmãos e não queria provocar ciúmes e desgaste relacional na família. Eu queria trilhar um caminho diferente, influenciado pelos resultados que eu considerava insuficientes – em comparação com o excesso de trabalho no campo – e pela busca do que julgo ser mais importante: liberdade.

Aos 20 anos, consegui a autorização (bênção) deles para sair de casa. Com o coração dividido, sentia muito amor e tristeza por ter que deixá-los e, ao mesmo tempo, estava feliz por poder buscar meus objetivos. Mais tarde, vendo minhas superações e sucesso, meus pais puderam agradecer muito por eu ter escolhido ir embora. Deu para perceber claramente que, na minha prisão por parte deles, existia a intenção deles de me proteger. Agora estavam orgulhosos de me ver empreender em negócios com os quais nem eu mesmo sonhava.

Em 1998, cheguei a Belo Horizonte à procura de oportunidades, mesmo sem ter claro em minha mente onde, como e com o que eu iria trabalhar. Por ter sido obrigado a sonhar os sonhos dos meus pais em vez dos meus durante minha juventude toda, com qualquer emprego que aparecesse eu já estaria no lucro, pois confiava que eu mesmo, do zero, escalaria meus resultados. Coloquei a faculdade em segundo plano e priorizei o dinheiro. Emprego? Tinha pressa e pouca experiência. Logo de cara, comecei em dois empregos, sendo um deles como entregador de pizzas à noite. Nesse mesmo ano, fui promovido a um cargo de confiança no emprego principal, gerindo o departamento e liderando pessoas. Com ousadia e resiliência, conquistei uma carreira de sucesso em todas as empresas por onde passei.

Em 2005, decidi dar um passo maior e abrir meu primeiro negócio, uma pequena indústria no mercado de embalagens de papelão ondulado, segmento que é termômetro da economia.

Introdução

Em minha empresa, tive momentos extraordinários com bons resultados no setor industrial, mas também passei por períodos de crise, durante os quais não dormia devido aos problemas que o negócio me trazia – ou melhor, problemas que eu levava para o negócio.

Hoje, dezoito anos depois, tenho uma empresa consolidada no mercado, com equipes autônomas para tocar o negócio, de modo que tenho tempo para empreender em outros segmentos. Meus colegas empreendedores sempre me perguntam como eu consegui fazer a descentralização e delegação numa indústria, tendo em vista muito mais complexidade na gestão que em outros modelos de negócio. Outros me questionam quais são os segredos para, além de ter tempo livre, escolher empreender em modelos de negócio bem diferentes do tradicional, como em startups, lidando no mundo da tecnologia, com perfis de equipes dinâmicas que exigem muito mais velocidade na gestão. Eu digo a eles que hoje é muito simples, mas não seria possível nos meus primeiros dez anos de empresa, quando eu, mesmo tendo uma equipe de mais de cem funcionários, não conseguia delegar nem fazer lideranças. Se eu não conseguia dar autonomia para pessoas que estavam comigo em uma empresa tradicional, jamais teria condições de empreender em outros segmentos, até porque nem enxergava possibilidades de outros negócios.

Existem elementos que, embora sejam simples, contribuem para o sucesso de um empreendimento. Eles me fizeram falta no início da jornada e, caso eu os conhecesse, teriam facilitado meu trajeto e de tantos outros. Por isso, em meus quase vinte anos de experiência, decidi compartilhar com todos os empreendedores, dos iniciantes aos mais experientes, quais atitudes fizeram e fazem os resultados de uma empresa não serem como os da maioria.

Nas próximas páginas, você não encontrará apenas um livro, mas, sim, um manual para uma nova vida na qual é possível ser um empreendedor bem-sucedido e feliz ao mesmo tempo.

No meu método, você vai ter acesso à principal habilidade responsável por fazer você ter sucesso em qualquer negócio. Você pode conhecer tudo do seu negócio, todas as especialidades técnicas do seu produto, mas, sem a habilidade de entender e desenvolver pessoas a partir de você, seu negócio não vai lhe dar resultado e paz.

Você conhecerá os itens que o farão construir riquezas e alavancar seu negócio atual ou qualquer outro. O maior desafio da atualidade nas empresas é compor times que fazem acontecer, a começar pelo sucesso no recrutamento dos sócios e pela identificação da cultura correta, influenciar e construir lideranças e equipes. Saber o que fazer com o dinheiro, desde vender, gerar lucros e, o mais importante, saber o que fazer com os lucros, para que haja o empilhamento de riquezas. E, muito mais que ficar rico financeiramente, ter paz interior e poder desfrutar dos resultados com saúde, bem-estar e felicidade, construindo um legado que impacte gerações.

Meu desejo é que você possa empreender sem se tornar escravo do negócio. Que o quinto dia útil deixe de ser assustador, transformando a falta de lucros em investimentos inteligentes e reservas financeiras. Que a qualidade de vida, a felicidade e as relações não sejam afetadas, pelo contrário, que a empresa potencialize seu bem-estar e que você recupere a paixão e o brilho nos olhos de quando abriu a empresa.

Minha meta é tornar o empreender mais fácil, recompensador e gratificante para que seja uma tarefa que constrói legados e transforma gerações. E que os filhos anseiem por trabalhar e suceder genuinamente tudo o que foi construído ao longo do tempo.

Uma empresa não pode se tornar um problema para seus donos, que colaboram tanto com os outros, mas não são felizes com seus próprios resultados. O empreendedor é alguém que faz a diferença na sociedade, gerando renda, emprego, movimentando a economia de um país e do mundo. Ele não pode ser infeliz por empreender, mas merece ser feliz e ter uma empresa que proporcione bem-estar.

Introdução

Assim, comece a prestar atenção em si mesmo e salte no nível pessoal, liderando sua própria vida para se tornar um grande líder na sua empresa.

Alguns ficam pelo caminho porque são incapazes de superar obstáculos, dando fim a uma história que poderia ter sido próspera e abundante. Abrir um negócio exige muita garra e determinação. Apenas a força de vontade, quando ela existe, pode ser insuficiente. A falta de conhecimento trará obstáculos que, muitas vezes, frustra as expectativas, e a força vai diminuindo com as pancadas ao longo da jornada. Nem todos estão prontos para fazer uma autoanálise e corrigir a rota quantas vezes for necessário, até que tudo comece a fluir. Mas, com este livro em mãos, esse jamais será o seu caso. Você merece ter lucros e, muito mais do que isso, merece saber o que fazer com eles, ser próspero e feliz. Empreender não precisa ser difícil!

E convido você a começar a facilitar sua vida e vir comigo até o fim deste livro. Juntos vamos caminhar para onde empreender não mais dói. Você verá que a Felicidade Empreendedora não é o destino, mas, sim, o caminho. Alinhando sua vida pessoal e profissional, você encontrará o equilíbrio que tanto deseja e merece.

E aí? Está pronto para ser bem-sucedido e feliz?

Então, vejo você na próxima página!

CAPÍTULO 1

DO SONHO AO PESADELO

Quem não se empolgaria em abrir o primeiro negócio? Para muitas famílias, nessa abertura se inicia o sonho da independência financeira, de poder ter uma renda melhor, de uma nova casa, da compra ou troca do carro, de poder comprar sem questionar tanto o preço, de uma melhor educação para os filhos, das viagens etc. Enfim, na abertura de um negócio estão a esperança e o sonho por dias melhores.

Mas nem sempre esse sonho se realiza e, para muitos empreendedores, ser dono do próprio negócio é angustiante, desde a gestão de pessoas, vendas, finanças, processos, tributos. Alguns nem se arriscam no ramo por acreditar em ser muito complexo. Grande parte se encontra sem lucros, falhas na construção de riquezas, ausência de independência e liberdade financeira.

Uma verdade incontestável: a grande massa empreendedora está no modo sobrevivência, e não prosperidade. E você, onde está?

Muito provavelmente, você está endividado ou conhece alguém nessa situação, na qual os dias de fazer compras ou de pagar os boletos quase sempre causam pânico e você tem sensação de ser dependente dos funcionários e do negócio, com dificuldades para liderar e delegar, e, quando o mês termina, você percebe que novamente não conseguirá tirar férias. Quantas vezes você se sentiu cansado por trabalhar tanto e não ver resultados satisfatórios, somados a tantas burocracias e sentimentos de solidão? Talvez, como a grande massa empreendedora, você também esteja no modo sobrevivência.

Em 2021, um estudo da aceleradora Troposlab, em parceria com a Universidade Federal de Minas Gerais (UFMG), ouviu trezentos empreendedores do país.[1] Nesse estudo foi identificado que 11% dos entrevistados foram diagnosticados com depressão e 53%, ou seja, mais da metade deles, receberam o diagnóstico de ansiedade. Ainda segundo a pesquisa, 26% dos entrevistados passaram a usar remédios psiquiátricos. O estudo indica também que as mulheres enfrentam efeitos mais severos concernentes à saúde mental. As empresárias têm sintomas mais graves de ansiedade, estresse e depressão, em comparação aos homens. No caso da ansiedade, a porcentagem com sintomas mais agudos é dez vezes maior que a dos homens. O mais preocupante é que foi constatado que houve piora de 10% em relação ao estudo feito no ano anterior, em 2020.

Segundo pesquisa realizada pela consultoria Falconi, mais de 90% dos empreendedores não conseguem fazer uma gestão eficaz.[2] O que os leva a não ter lucros e empreender acaba sendo algo de muito sacrifício. Eles permitem que isso afete a felicidade e contagiam negativamente outras pessoas. Quantos ganham muito dinheiro, mas não são felizes? Vivem amarrados em seus negócios, sem tempo para a família e para si mesmos. Morrerão um dia e não levarão nada, tendo vivido uma vida medíocre. Oitenta em cada cem brasileiros têm dificuldades para controlar as próprias contas

---

[1] DIAS, M. C. Sob pressão, 30% dos empreendedores buscaram apoio psicológico na pandemia. **Exame**, 8 out. 2021. Disponível em: https://exame.com/pme/3-a-cada-10-empreendedores-buscaram-apoio-psicologo-na-pandemia/. Acesso em: 28 mar. 2023.

[2] SANTANA, P. Apenas 10% das médias empresas no Brasil têm planejamento de longo prazo, revela pesquisa. **InfoMoney**, 5 set. 2020. Disponível em: https://www.infomoney.com.br/negocios/apenas-10-das-medias-empresas-no-brasil-tem-planejamento-de-longo-prazo-revela-pesquisa/. Acesso em: 3 jun. 2023.

Do sonho ao pesadelo

pessoais, segundo estudo realizado pelo Serviço de Proteção ao Crédito (SPC Brasil) e pela Confederação Nacional dos Dirigentes Lojistas (CNDL).[3] Imagine então controlar as contas de uma empresa.

Segundo dados do Serviço Brasileiro de Apoio às Micro e Pequenas Empresas (Sebrae) e do IBGE, em relação às pequenas empresas: 85% não sabem o que é gestão financeira, 74% das empresas que fecharam as portas no período analisado não acompanhavam regularmente as finanças e 60% fecham as portas antes de completar cinco anos de existência.[4]

Infelizmente, a maioria dos empreendedores não consegue lucros e trabalha pela sobrevivência, usando o caixa da empresa para as despesas pessoais. Tocam o negócio dia após dia, com muito esforço e sacrifício. Existe um grande equívoco na massa empreendedora, que é confundir receita com lucro.

Você, assim como eu, já passou por alguns dos seguintes sofrimentos, tendo como raiz a falta de lucro?

- Ser escravo do negócio e não poder tirar férias.
- Não sobrar dinheiro no fim do mês.
- O quinto dia útil ser um caos.
- Fazer antecipação de recebíveis.
- Negociar com bancos, fornecedores e até clientes.
- Lidar com a concorrência desigual.
- Desentendimentos conjugais no trabalho e extensão dos problemas para casa.
- Reclamação dos filhos: os pais trabalham demais e não têm tempo para eles.

---

[3] OITO em cada dez brasileiros não sabem como controlar as próprias despesas, mostra estudo do SPC Brasil. **SPC Brasil**. Disponível em: https://www.spcbrasil.org.br/uploads/st_imprensa/release_pesquisa_educacao_financeira_vf.pdf. Acesso em: 18 jul. 2023.

[4] COMO otimizar o setor financeiro da sua loja de forma prática. **Celero**, 28 abr. 2021. Disponível em: https://celero.com.br/blog/setor-financeiro-ideal/. Acesso em: 3 jun. 2023.

- Comprometimento da sucessão: filhos que enxergam e escutam os problemas da empresa e, quando crescem, não querem fazer o trabalho dos pais.
- Crises de ansiedade ou depressão.
- Sobrecarga provocada pela centralização das tarefas e dificuldade para delegar.

Como evitar ou superar esses sofrimentos? Você já começou essa jornada ao iniciar a leitura deste livro e está a caminho da Felicidade Empreendedora.

> Existe um grande equívoco na massa empreendedora, que é confundir receita com lucro.

CAPÍTULO 2

MANADA DA SOFRÊNCIA

Henrique acorda ao despertar do relógio, bem cedo. Corre para a sua pequena indústria, procura organizar o dia e ajuda no carregamento para as entregas. Às vezes, ele mesmo sai para entregar para alguns clientes, depois volta para a empresa às pressas, pois tem que acompanhar a produção. Sai para visitar alguns clientes a fim de fechar mais vendas e falta tempo até para almoçar, então faz um lanche rápido na rua. Entre uma visita e outra, o telefone e as mensagens no WhatsApp não param. Desde problemas nas entregas, reclamações de clientes por conta da baixa qualidade do produto, clientes pedindo para antecipar entrega e outros para postergar, erros na produção, fornecedor que atrasou a entrega da matéria-prima, máquina que parou de funcionar, funcionário que não quer continuar e necessidade de novas contratações. Henrique precisa terminar logo sua rota de visitas para voltar para a empresa e o trânsito está um caos, sendo que o foco está mais no telefone que no volante, e que perigo.

Henrique volta para a empresa e coloca a mão na massa após o horário de trabalho, estendendo com alguns funcionários em horas extras até a meia-noite, pois os pedidos precisam ser finalizados para que sejam entregues no dia seguinte.

Em alguns dias, Henrique não consegue finalizar os trabalhos e nem vai para casa. Dorme na empresa, pois antes do dia amanhecer ele precisa finalizar a fabricação dos pedidos que estão com data de entrega pela manhã do dia seguinte, a fim de cumprir sua promessa com os clientes e, muitas vezes, porque precisa emitir a nota fiscal para fazer a antecipação dos recebíveis na instituição financeira e pagar as contas do dia.

Henrique consegue fechar o ciclo de seus dias assim, com essa rotina pesada, mas ele se sente feliz quando chega em casa à noite e vê seu filho cansado, a fim de dormir, mas o esperando para brincar um pouquinho. Mesmo precisando tomar banho e dormir um pouco, Henrique procura dar pelo menos dez minutos de atenção para seu filho Danilo, de 5 anos. Sua esposa, Érica, chegou mais cedo em casa para pegar Danilo na escolinha e, nos dias que não estão brigados por causa da empresa, já que ela também trabalha lá, ela também está querendo atenção.

Aos fins de semana, o casal costuma ir para a empresa trabalhar e, quando não deixam Danilo com os avós, o levam e o colocam numa salinha da empresa com alguns brinquedos.

Passam-se os dias e essa é a rotina de Henrique. Os dias ainda ficam bem mais tensos quando o contador envia a guia dos impostos e quando o quinto dia útil se aproxima.

Henrique alterna a sensação de dever cumprido por ter vencido mais um mês com a falta de prazer por não ver dinheiro sobrando no caixa e sem tempo para o filho e a esposa. Férias nunca fizeram parte da vida da família.

A tensão dobra no fim do ano, pois Henrique precisa pagar o décimo terceiro salário e, por falta de dinheiro, precisa recorrer ao banco para fechar o ano. Esse ciclo se repete ano após ano, e as dívidas com os bancos só aumentam, pois ele já não consegue mais cumprir os compromissos do mês com as receitas geradas.

Se Henrique não agir rápido e mudar o rumo do seu negócio, ele caminhará para um pesadelo de difícil recuperação.

Anos atrás, eu fazia parte do grupo de pessoas que sofriam empreendendo. Quando comecei meu negócio em 2005, tive que trabalhar como um "burro de carga", horas e horas a fio, e quase não sobrava tempo para dormir. Até 2016, 2018, empreender era uma grande loucura; eu estava ali porque entrei na chuva e o excesso de problemas me dificultava sair da tempestade.

A empresa cresceu, mas de maneira desorganizada. A carga de trabalho ficou insustentável, sendo que eu mesmo havia criado todo esse peso ao longo dos anos, trabalhando além do que conseguia suportar. Perdi muito tempo sozinho, sem pedir ajuda, achando que sabia tudo. A verdade é que não sabia nem pedir conselhos. Não tive convivência com outros empresários, não tinha com quem compartilhar minhas dores, alguém que passasse pelo mesmo e pudesse me entender e ajudar. Minha relação com vários empresários era apenas comercial e nunca nos abríamos para compartilhar nossas fraquezas. Até um momento em que, já a ponto de desistir, fui pedir socorro, olhar para dentro de mim, me desenvolver e aprender coisas essenciais para fazer minha empresa prosperar e proporcionar para os sócios e colaboradores uma vida melhor.

Eu estava perdido e isso respingava na empresa, colocando-a no pior dos três estados financeiros. Aliás, você sabe em qual estado se encontra a sua empresa? É importante reconhecer a sua condição para que consiga sair dela. Vou ajudar você nisso. A seguir vamos conversar sobre os três estados financeiros de uma empresa, que são: o da sobrevivência, o da miséria e o da prosperidade.

TRÊS ESTADOS FINANCEIROS

Sobrevivência

Grande parte dos empreendedores se encontra neste estado, enfrentando crises o tempo todo e lutando diariamente para sobreviver.

É como uma pessoa que está todas as semanas indo ao hospital, sendo que algumas quase moram lá, mas ainda respiram sem aparelhos. Umas merecem mais cuidados que as outras.

Nas empresas, sempre a expectativa é que no próximo mês, ou depois que a crise atual passar, as coisas melhorem, mas o empresário vive passando por dificuldades e apuros, parecendo que sempre existe crise ou que ele está em crise. Existem maneiras de você ser blindado e ser muito mais que um sobrevivente, independentemente dos fatores externos.

Você não merece estar nesta situação, afinal, quem escolhe abrir um negócio quer ter melhor qualidade de vida, lucros, gerar empregos, estruturar uma carreira promissora. Não viver na correria, na loucura, correndo para empatar as contas do seu negócio, visando não perder dinheiro e poder viver com seu pró-labore (quando consegue retirá-lo).

Com pequenos ajustes, é possível tirar a empresa desse incômodo estado.

Miséria

O estado da miséria é ainda mais angustiante. Surgem problemas para pagar os funcionários, fazendo com que o quinto dia útil se torne um inimigo. Trata-se de um inferno para quem sonhava em empreender.

Neste estágio, são necessários cuidados especiais, e algumas pessoas estão respirando por aparelhos – umas no CTI, outras na UTI.

A percepção do empreendedor de que está no fundo do poço normalmente se dá quando há dificuldade até para o acesso ao crédito financeiro. Ele se assusta e quer sair imediatamente desse estado. Nesse cenário, o equilíbrio é peça fundamental, principalmente emocional, pois a ruína não aconteceu do dia para a noite.

Manada da sofrência

Ele passou primeiro pelo estado da sobrevivência, não tomou medidas necessárias e foi se aprofundando até chegar aqui.

Para sair desse estado, dependendo do caso, pode ser necessário tomar medidas mais drásticas, assim como algumas que já tomei em algum momento da minha jornada para evitar a falência e voltar para um lugar onde eu sempre deveria estar.

Sair desse estado é possível, e é importante aprendermos com a situação para nunca mais voltarmos a tanto sofrimento.

Ao longo deste livro, você vai aprender a estar sempre longe desse péssimo estado.

Prosperidade

Como é gratificante você se levantar de manhã e poder sentir a recompensa pelo trabalho bem-feito. Olhar os números do seu negócio e, em vez de ficar apavorado, sorrir de dentro para fora, feliz por estar em um estado abundante. Isso melhora seu bem-estar, sua saúde, seus relacionamentos, e a vida fica mais bela. Você merece isso e não pode deixar que pequenos e inconscientes erros o impeçam de chegar aqui.

À medida que a sua gestão vai evoluindo, seus resultados vão melhorando. Quando atinge um resultado de aproximadamente 20% acima do ponto de equilíbrio, fica mais longe da zona de rebaixamento e começa a entrar na zona da prosperidade. Agora, empreender já não é mais difícil, mas, sim, apaixonante.

> "Líderes não cuidam de resultados, líderes cuidam de pessoas e pessoas geram resultado."
> **Simon Sinek**

> Como é gratificante você se levantar de manhã e poder sentir a recompensa pelo trabalho bem-feito.

No ápice da prosperidade, sua empresa gera renda passiva, pois não precisa mais do seu trabalho. Sua equipe gera resultados, o que possibilita investir e empreender em novos mercados.

Aqui é onde todo empreendedor merece estar!

NÃO SOMOS PREPARADOS PARA EMPREENDER

A verdade é que se acomodar e se conformar que empreender realmente é doloroso não é uma objeção somente sua. Infelizmente, isso está impregnado na mente da maioria. Existem alguns motivos que explicam por que isso se tornou uma limitação.

- Você não foi preparado para ser um bom comunicador. Essa é uma habilidade que nem todos os líderes possuem, embora fosse o ideal. Você não se tornará um grande líder até que domine essa competência. Nem todos nascem com essa aptidão e nem sempre isso nos é ensinado, mas pode ser desenvolvido.
- Você não recebeu a educação correta para empreender, como quase todos os demais; não teve na escola informações valiosas de como fazer gestão financeira e de vendas.
- Quando começou, não sabia da importância de ter um propósito para gerar grandes movimentos.
- Você não recebeu as ferramentas adequadas para conhecer a si mesmo, a sua personalidade e o seu perfil comportamental para entender os pontos de melhoria da sua própria cultura.
- Certamente, você não participou de uma formação de autoconhecimento, para que tenha trabalhado a consciência de qual legado deixará, de quais serão as lembranças que seus filhos, netos ou amigos terão após a morte. Não gerando a ambição e o prazer de contribuir para a construção de um mundo melhor para as pessoas e ser acima da média.

O código dos negócios extraordinários

Além de não ser preparado para a liderança, você com certeza já percebeu o quanto é burocrático empreender no Brasil. Em uma pesquisa feita pelo Banco Mundial, que considerava doze fatores que dificultam o empreendedorismo, o país está na 124ª posição dos 190 que participaram do estudo.[5]

As principais causas dessa dificuldade são:

- A falta de preparação e de uma boa transição de CLT para a abertura do negócio. Quando você abre um negócio vindo de CLT, por estar acostumado com a segurança e os benefícios que tinha, quando os problemas aparecem, tem muitas dificuldades ou até desiste.[6]
- Muitos quando CLT não tinham o comportamento de empreendedores, não se preocupavam com os resultados do negócio, não enxergavam os méritos do dono da empresa. Estavam mais preocupados com o salário do que com o que fazer para conseguir o resultado.
- Empreender por necessidade, e não por oportunidade. Quem o faz assim muitas vezes não conseguiu levantar capital nem estudar bem o mercado e abre o negócio na expectativa de gerar uma renda rápida.[7]

---

[5] ENTRE 190 países, Brasil ocupa 124ª posição em ranking que avalia facilidade de fazer negócios. **Gov.br**, 14 out. 2019. Disponível em: https://www.gov.br/iti/pt-br/assuntos/noticias/iti-na-midia/entre-190-paises-brasil-ocupa-124-posicao-em-ranking-que-avalia-facilidade-de-fazer-negocios. Acesso em: 18 jul. 2023.

[6] ESTADÃO CONTEÚDO. Falta de emprego com carteira leva Brasil a recorde de abertura de empresas. **UOL Economia**, 28 mar. 2022. Disponível em: https://economia.uol.com.br/noticias/estadao-conteudo/2022/03/28/falta-de-emprego-formal-leva-brasil-a-recorde-de-abertura-de-empresas.htm?cmpid=copiaecola. Acesso em: 28 mar. 2023.

[7] DE CLT para CNPJ: números recordes de abertura de empresas no país apontam que trabalhadores estão optando por empreender. **Contadores.cnt.br**, 8 out. 2021. Disponível em: https://www.contadores.cnt.br/noticias/empresariais/2021/10/08/de-clt-para-cnpj-numeros-recordes-de-abertura-de-empresas-no-pais-apontam-que-trabalhadores-estao-optando-por-empreender.html. Acesso em: 28 mar. 2023.

- Embora muitos digam que processos não se aplicam a empresas iniciantes, a presença deles desde o início amenizaria problemas de comportamentos e cultura empresarial fraca de alguns empreendedores.

Você verá mais à frente o quanto esses fatores e outros impactam o sucesso ou não de uma empresa. Descobrirá que coisas tão simples que deixam de ser feitas são capazes de minar os sonhos de uma pessoa que abre seu negócio com tanto brilho nos olhos.

Eu, quando comecei, pensava que sabia o suficiente, mas a verdade é que eu não tinha as instruções necessárias para evitar muitas frustrações pelo caminho. Tive que apanhar muito em algumas áreas para reacender a paixão e o brilho dos meus olhos. Não foi uma trajetória fácil, mas consegui trilhá-la e ser bem-sucedido. Saiba que você também é capaz de vencer todas as razões que impedem o grande sucesso da massa empreendedora!

POR QUE UMA EMPRESA FRACASSA

Ninguém inicia um negócio pensando no dia que ele vai fechar, pelo contrário, o desejo é que ele se desenvolva continuamente. Mas, na realidade do mercado, o fato é que alguns acabam prosperando mais do que outros. Mas por que isso acontece? O que leva uma empresa a fracassar?

Independentemente de religião, eu aprendo muito com um texto bíblico que retrata esse cenário de uns prosperarem e outros não. Usando-o de modo alinhado aos dias de hoje, vou lhe mostrar três motivos que levam uma empresa à bancarrota.

Empreendedores que não conseguem multiplicar os seus recursos, e sim destruí-los

Na parábola dos dez talentos (Mateus 25:14-30), na qual um homem rico distribui entre três servos seus bens, um dos homens simplesmente enterra o que lhe foi confiado pelo seu senhor. Já os outros dois conseguem multiplicar os seus talentos.

A verdade é que muitos empreendedores não conseguem nem o resultado que o primeiro homem conseguiu, que é devolver o que havia recebido sem multiplicar. Pior, destroem o que receberam até o ponto em que não tem mais como salvar a empresa.

Imagine uma empresa que está há anos no mesmo lugar, fechando as contas sempre no zero a zero e valendo o mesmo preço de mercado. Ela se compara ao homem que escondeu o talento e não o multiplicou. E muitas delas estão aumentando as dívidas ruins ano a ano e o preço de mercado está diminuindo. Em determinado momento o buraco se torna tão grande e de difícil reversão que, infelizmente, muitos desistem.

Empreendedores que acreditam que não têm alguém a quem devem se reportar

Mesmo depois dizendo que sabia, provavelmente o homem que não multiplicou o talento não esperava que o senhor voltasse e o cobrasse com tanto rigor. Se ele soubesse, com certeza teria tido resultados diferentes.

Outro dia me chamaram para uma resenha após o futebol e eu disse que não poderia, pois tinha que ir para o escritório finalizar um trabalho para entregá-lo. Um colega me questionou dizendo que eu não tinha patrão a quem prestar contas e que eu não precisava me preocupar. Este é um dos motivos de muitos fracassarem: por serem donos, acham que podem fazer quando querem e vão postergando.

Esse tipo de empreendedor acha que manda, resolve e decide tudo sozinho. Torna-se indisciplinado com a gestão da empresa e não tem resultados elevados. Um dos maiores desafios de um dono de negócio é ter disciplina na gestão, prestando contas para si mesmo das atividades e resultados do dia, da semana, do mês e do ano. Se fosse líder de si mesmo ou se comportasse como tendo que prestar contas para um CEO ou diretoria exigente, os números seriam multiplicados.

Empreendedores que transferem a responsabilidade sempre têm um motivo para não ter resultados

Quando intimado a prestar contas, o homem que não multiplicou o talento e colocou a culpa na severidade de Jesus, se justificou por não ter produzido nada.

Achar que é normal ter dificuldade, sofrer, que é mesmo difícil empreender é uma boa desculpa para a falta de resultados. O remédio é assumir a responsabilidade, encarando os desafios e fazendo a diferença.

Na parábola, ambos viviam na mesma época, tinham as mesmas condições e ambiente para produzir, e os resultados deles foram muito diferentes. Assim também observamos empresas no mesmo segmento, enfrentando o mesmo cenário de mercado e econômico, em que umas empresas conseguem prosperar com relevância, outras se mantêm e outras afundam. Se um empreendedor consegue o resultado vivendo na mesma época e tendo os mesmos recursos, todos que fizerem o básico bem-feito também conseguirão.

> Você vai fazer parte dos empreendedores que não multiplicam e acham injusto que o rico fique cada vez mais rico e o pobre cada vez mais pobre? Ou escolhe pertencer aos que multiplicam cada vez mais?
>
> Qual é o nível de confiança que as pessoas ou o mercado têm em você?
>
> Faça o que for necessário, esteja preparado para assumir mais responsabilidades e tenha cada vez mais talentos a serem multiplicados. Ter responsabilidades não significa pesar tanto os ombros e trabalhar exaustivamente.

Você se vê em algum desses exemplos, ou talvez em todos? Então, precisa se libertar de certos pensamentos e atitudes se quiser ir além e, de fato, passar a empreender sem sofrimento. Escolha pertencer ao grupo dos empreendedores que multiplicam cada vez mais, não o dos que ficam se lamentando do sucesso alheio.

Você não precisa ficar se lamentando e sofrendo, com sua empresa em fase ruim, seja lá por quais motivos forem. Existem caminhos para que você e seu negócio estejam rumo à prosperidade.

CAPÍTULO 3

SUA EMPRESA RUMO AO SUCESSO

Até aqui, analisamos como é o cenário do empreendedorismo para a maioria das pessoas que têm o próprio negócio; como muitas se sentem exaustas, a ponto de desistir – isso se já não entregaram os pontos. Vimos também as razões que levam uma empresa ao fracasso e os motivos de tantas dificuldades em empreender. Tenho certeza de que você se identificou com algum dos *cases* que apresentei e deseja reverter a sua situação. Deixar a vida de sofrência para trás e pegar a trajetória que o levará ao sucesso.

E o momento para isso é agora.

Vou começar lhe mostrando três motivos que levam uma empresa a resultados surpreendentes.

EMPREENDEDORES DEVEM SABER MULTIPLICAR SEUS RECURSOS

Lembra-se da parábola dos dez talentos? Nela, o senhor tomou o talento e quem não multiplicou e o entregou a quem tinha a maior capacidade de multiplicação.

Empreendedores de sucesso fazem com que seus talentos, mesmo em períodos de crise, sejam multiplicados. E, para que isso aconteça, você precisa se desenvolver e aprimorar habilidades.

Se você não se conhece, dificilmente sabe quais pontos precisa melhorar na sua performance de líder. Por isso, não hesite em consumir conteúdos que trarão essa clareza e consciência. Ainda que, ao decorrer de sua vida, não tenha sido ensinado sobre finanças e vendas, é preciso ir atrás de instruções e entender sobre as principais áreas do negócio. Participe de imersões, leia livros e faça cursos.

TENHA OS PRINCIPAIS INDICADORES BEM DEFINIDOS PARA ACOMPANHAR OS RESULTADOS E PODER PRESTAR CONTAS A SI MESMO OU AOS SÓCIOS

Na parábola, essas pessoas são lideradas pelo senhor que volta para prestação de contas. As reuniões de análises financeiras semanais ou mensais são fundamentais para que o negócio não saia dos trilhos.

A liderança precisa marcar datas recorrentes para acompanhamento, medições e debates sobre os resultados e esses devem estar sempre atualizados, em tempo real, numa gestão à vista para as partes envolvidas. O empreendedor precisa vencer o desafio da irresponsabilidade de não ter um líder para prestar contas. Ele deve criar mecanismos que o obrigue a medir seus próprios resultados e assim rumar ao sucesso.

NÃO FIQUE CULPANDO OS OUTROS, ASSUMA A RESPONSABILIDADE

Não culpar o governo, os funcionários, a cultura, a crise. O servo que não multiplicou o seu talento foi chamado de mau e preguiçoso. Os três servos estavam no mesmo ambiente de oportunidade e o senhor não se compadeceu por quem não produziu.

O mercado não aceita desculpas. Uns fecham e outros abrem! Pare de reclamar: adapte-se ou volte para a CLT!

É inevitável passar por algumas situações que vão exigir mais de você. Às vezes queremos controlar o incontrolável, reclamando do trânsito, do tempo, das pessoas.

Fatores externos que fogem do seu domínio não são coisas para você gerir ou se preocupar. Queixar-se o tempo todo faz com que atraia cada vez mais coisas negativas para sua vida. Pare de reclamar daquilo que você não pode controlar.

Se você tem um problema que não pode mais resolver, ele já não é mais um problema, então, você deve tirá-lo da sua frente e focar no que está ao seu alcance de resolver. Pare também de se lamentar por coisas que só você pode mudar. Somos fadados a terceirizar a culpa. "Aquilo aconteceu porque não recebi a informação a tempo" ou "O projeto não foi entregue porque fulano ficou doente".

Tudo precisa de gestão, até mesmo a nossa reclamação. Se existe algo que o incomoda, você precisa resolver. Para isso, precisa gerir. Muitos pensam em gestão somente depois que a empresa cresce, mas a verdade é que gerir desde pequeno é o melhor caminho, assim a criança cresce na direção correta.

Proponho, então, um exercício de autoconhecimento. Reflita por alguns instantes sobre as reclamações que você costuma fazer. Sempre tem várias, é só vasculhar bem a mente. Depois, escreva cinco dessas reclamações que você precisa eliminar da sua vida e do seu negócio, como lidar com pessoas é complicado, meus colaboradores são ruins, meu segmento não dá lucro, vender não é para mim.

Agora, relacione três coisas que precisam de gerenciamento no seu negócio:

Você colocou apenas três coisas, mas não hesite em anotar outras caso sejam importantes para você. Se refizer o exercício ao fim de cada um dos pilares a seguir, no fim da leitura deste livro, você estará com um manual de melhorias que impactarão você e seu negócio.

Vimos três motivos que levam uma empresa ao sucesso. Quando olhamos o primeiro, que é o da multiplicação, vale a pena fazer uma reflexão de quem você era há dez anos e quem você é hoje. Quem você era quando abriu o seu negócio e quem você é hoje. Você vem evoluindo como pessoa e líder na proporção daquele servo que dobrou os seus talentos ou do servo mau que o escondeu?

Talvez esteja na hora de se comprometer com muita energia em multiplicar, desde o seu conhecimento interior, a sua comunicação, liderança, as vendas, a cultura, os processos e a sua inteligência financeira. Se você assumir esse compromisso consigo mesmo e sua empresa, o seu dinheiro será multiplicado na mesma proporção. Capital e escassez não serão mais problema para você.

Eu pude me comprometer, me tornar outra pessoa e transformar os resultados da minha indústria em pouquíssimo tempo, saindo de um péssimo resultado no ano de 2018 para uma empresa lucrativa e próspera a partir de 2019. Hoje, tenho liberdade de tempo, faço investimentos e construo outras empresas do zero, visando ao *equity* e a um ecossistema escalável e sustentável.

Vou apresentar a você os pilares que me trouxeram para um outro patamar porque quero que você também faça parte desse time de pessoas que facilitam as suas vidas, empreendendo sem dores e com muita maestria. Várias vezes, em conversas com colegas, eles me pediram que eu compartilhasse com o maior número de pessoas os pilares que me fizeram passar pelo processo de um empreendedor doente para um curado e gerador de resultados.

Você vai conseguir e você pode contar comigo nessa jornada. Vou apresentar a você três pilares para a sua jornada de felicidade plena como empreendedor.

CAPÍTULO 4

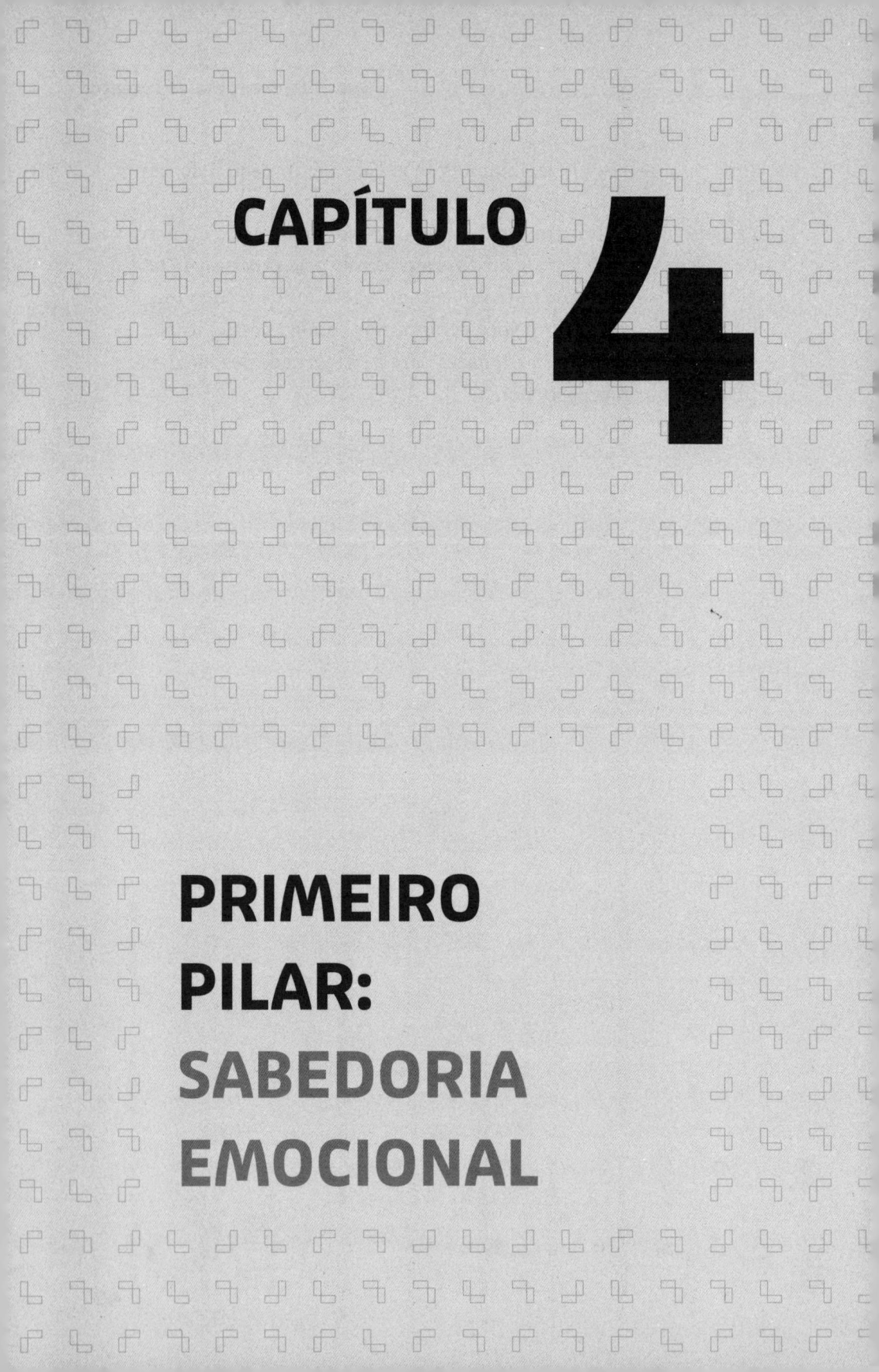

PRIMEIRO PILAR:
SABEDORIA EMOCIONAL

Este primeiro pilar foi o que me fez virar a chave e ser um novo homem e um novo empresário, levando a vida em paz e de bem comigo mesmo. Foi quando pude respirar e visualizar um jeito diferente de percorrer o caminho. Por esse motivo, escolhi começar pela sabedoria emocional. Ela é a base da Felicidade Empreendedora.

A sabedoria impacta diversos âmbitos da vida. Saber identificar e diferenciar algumas situações no dia a dia contribuirá com o modo como você lida com as frustrações, o medo, a raiva, e, assim, você terá um melhor desenvolvimento pessoal e consequentemente profissional.

Pronto para se aprofundar mais no assunto e começar a sua jornada rumo ao empreendedorismo bem-sucedido e feliz?

Vamos juntos!

SABEDORIA

A sabedoria conversa com diversas outras qualidades importantes para o empreendedor que busca sucesso e felicidade. Com sabedoria, você aplicará os demais pilares do método com muito mais facilidade. Construirá riqueza material com sustentabilidade, crescendo e sendo cada vez mais grato pela arte de empreender.

Saiba o que fazer com a sua inteligência

A grande diferença entre sabedoria e inteligência é que a inteligência tem como base a busca por conhecimentos e informações e a sabedoria vem da experiência e do aprendizado. Todos nós precisamos nos capacitar e cultivar nossa inteligência. Quando comecei minha empresa em 2005, não havia feito sequer um treinamento de gestão empresarial e tinha apenas o ensino médio em uma escola pública. Embora a faculdade não nos prepare para sermos bons empreendedores, sei que teria tido acesso a mais informações se tivesse uma formação em Administração, por exemplo. Abri um negócio apenas com a experiência em liderança em outros segmentos. Felizmente, quando funcionário, fui um líder que também executava e isso me ajudou a colocar a mão na massa sem frescura.

Se tivesse tido a oportunidade de me aperfeiçoar, de ter lido um livro como este que você está lendo, o caminho certamente teria sido mais leve.

Adquirimos sabedoria com o tempo, usando como ingredientes o conhecimento, experiências e nossas observações. A sabedoria emocional está bem acima da inteligência. Você pode ser uma pessoa muito bem-informada, dotada de conhecimento e ter facilidade em aprender coisas complexas, mas, se não souber o que fazer com isso tudo, será difícil chegar ao sucesso e se sentir satisfeito e feliz como empreendedor.

Existem pessoas superinteligentes e com muito conhecimento que desistem dos negócios simplesmente porque não tiveram sabedoria para lidar com as diferenças entre os sócios. Não entendem de si mesmas e não conseguem ser sábias, prósperas e felizes naqueles negócios. Quem não conhece a si mesmo não está apto a entender o outro, desde os sócios a colaboradores. E, por isso, a gestão de si mesmo e das pessoas serão pedras no caminho.[8]

---

[8] GRÜN, A.; ASSLÄNDER, F. **A arte de ser mestre de si mesmo para ser líder de pessoas**. Petrópolis: Vozes, 2008.

Primeiro pilar: sabedoria emocional

Use a sua força com sabedoria

Sempre usei mais força na alavancagem do meu negócio, afinal, aprendi assim desde a época do meu primeiro emprego, quando era funcionário. Como entregador de pizza, um serviço extra que eu fazia à noite, muitas vezes trabalhava madrugada adentro. Já na empresa onde ocupava posição de liderança, houve dias que fui trabalhar às duas horas da manhã para colocar serviços acumulados em dia. Essa intensidade e comprometimento foram comportamentos que eu levei para o meu primeiro negócio. Quando me tornei dono do meu próprio negócio, fazia vendas externas, ajudava a fabricar à noite, fazia o roteiro de entrega e ainda participava efetivamente do carregamento dos caminhões. Enquanto a empresa tinha um certo tamanho, eu conseguia fazer isso. Até que, com o tempo, passei de burro de carga com força para um burro de carga cansado!

E foi nesse momento que a busca da sabedoria emocional, do autoconhecimento, chegou e salvou a minha vida. Foram onze anos trabalhando direto, sem férias e com uma carga horária turbinada, com raras folgas uma vez na semana. O fato é que eu não respirava e, a cada crescimento, usava o dinheiro para comprar mais uma máquina, para expandir para um galpão maior e para novas contratações. Normalmente é assim que os empreendedores que crescem fazem. São imparáveis nessa corrida. Até que algo importante aconteça na vida deles para que tenham a chance de fazer uma autoanálise. Na maioria dos casos, os problemas financeiros interrompem a corrida; em outros, problemas de saúde, família, falta de sentido de vida, de felicidade.

A força sem sabedoria é desperdício de tempo, de energia e de dinheiro.

Em janeiro de 2018, participei de um treinamento americano que se chama *Wizard* (que pode ser traduzido como mago ou sábio). Nesse treinamento aprendemos que devemos passar 95%

do tempo como um sábio e 5% como um guerreiro. Ou seja, **95% sabedoria e 5% força**. Você concorda?

Como está o seu percentual? Você usa mais força ou sabedoria?

Força	%
Sabedoria	%

Você já tomou decisões erradas na base da força, sem pensar, sem primeiro esfriar a cabeça? Quanto lhe custou emocionalmente, nas relações humanas, e quanto você perdeu de dinheiro ou deixou de ganhar por isso?

Não deixe o sucesso ofuscar a sabedoria

Você sabia que o sucesso pode ser a causa de muitos negócios fracassarem? O sucesso pode trazer o orgulho e a soberba e pode fazer a sabedoria adormecer. Muitas empresas erram na estratégia, querendo dominar o mercado a qualquer custo, em vez de focar o que é apenas rentável, com uma postura mais sustentável.

Acreditar que é imbatível pode ser um sério problema para o seu negócio.

Em 2015, passei por uma crise e consegui superá-la, tomando decisões contrárias às de economistas e de quem trabalhava comigo. Por conta do sucesso, eu me achava inquebrável. Na base do "vamos para cima", projetei invadir o mercado. Mesmo com pouquíssima demanda, montei uma equipe comercial forte. Em 2016 e 2017, o crescimento acumulado foi em torno de 91%. No entanto, quanto mais você cresce de maneira acelerada, mais

Primeiro pilar: sabedoria emocional

atenção precisa ter com o caixa, pois demandará investimentos e, se houver imprevistos, pode haver problemas.

Se você dirige um carro a 80 quilômetros por hora e passa para 140, gastará muito mais combustível e terá que ter uma atenção redobrada no volante, pois, a qualquer descuido, o carro possante e majestoso pode ser tornar um amontoado de lataria em um pátio abandonado, se não for reconstruído.

Esse crescimento acelerado me custou muitos investimentos, e, por causa de problemas da cadeia de fornecedores e do torpedo que a greve dos caminhoneiros me trouxe em 2018, tive que lutar muito para não quebrar.

Olhar para o sucesso é um perigo, pois os anos não são os mesmos, principalmente no Brasil, com tantas crises político-econômicas. Ainda podemos citar problemas mundiais como foi a pandemia, que inviabilizou muitas empresas.

Uma coisa é você fazer gestão de uma empresa com vinte funcionários e cinquenta clientes, outra é fazer gestão de uma com 120 funcionários e 150, trezentos clientes, tendo uma média de dez itens personalizados em cada.

Outro ponto importante na questão do sucesso são os muitos empresários que têm grandes lucros rapidamente e não fazem uso correto do dinheiro. Acabam não se preparando para períodos de turbulência e alguns vão à falência por não estarem prontos para as imprevisibilidades.

> "É importante nunca acreditar que vai vencer sempre. Você está de sucesso e não tem sucesso."
>
> **Luiza Trajano**

Já vi modelos de negócios que deram lucro por anos se tornarem inviáveis em poucos meses quando grandes mudanças de mercado aconteceram. Em algumas empresas, existem os sócios que enriquecem com a parte que lhes cabe dos lucros da empresa, mas outros não enriquecem por má administração pessoal. Se a empresa falir, apenas alguns têm capital para fazer outros empreendimentos.

Há também aqueles que ganham muito dinheiro e adquirem a tão sonhada liberdade financeira por gerações, mas não sabem lidar com ela, sendo aprisionados por falta de propósito. Ou ainda os que ganham tanto dinheiro e sempre estão buscando mais, a qualquer custo, podendo até mesmo cometer atos ilegais e, por isso, acabam desmoralizados com notícias na imprensa, são presos e terminam suas histórias na cadeia.

> "Sucesso sem felicidade é fracasso!"
> **Roberto Justus**

O sucesso profissional e pessoal precisa ser cuidado e regado. Quantas pessoas já interromperam amizades por uma simples fala infeliz ou falta de paciência? Quantas pessoas estressadas provocaram alguém no trânsito, brigaram e, em casos extremos, perderam a vida? Quantas empresas deixaram de existir por brigas entre sócios ou até mesmo pelo comportamento explosivo de líderes para com liderados? Aprenda a lidar com o sucesso de maneira sábia e tenha mais sucesso!

Peça ajuda, seja humilde

A humildade acompanha a sabedoria e não combina com o orgulho. Se o orgulho, muitas vezes, é causado pelo sucesso, é sinal de

Primeiro pilar: sabedoria emocional

que faltou humildade para lidar com os bons momentos. O sábio disse que a soberba ou o orgulho precede a queda. Com o orgulho e a soberba, virá também a desgraça.

Entendi que sem pedir ajuda, sem admitir que a carga estava pesada demais, sem mudar minha maneira de ser, meu comportamento, eu poderia ter quebrado minha empresa. Não pedir ajuda e não admitir que precisa de alguém também é uma característica do orgulhoso.

São grandes equipes que fazem grandes empresas.

Em determinado momento da minha carreira, percebi que não conseguiria fazer tudo sozinho e comecei a delegar tarefas. Só fui capaz de aprender e entender isso porque tive a humildade de aceitar que precisava de mais conhecimento para evoluir. Investi muito dinheiro em treinamentos de formações, não só no Brasil, e continuo aprendendo. Somos todos eternos aprendizes e precisamos sempre nos atualizar.

O orgulhoso diz "Eu sei disso!" e, assim, bloqueia novos aprendizados e se coloca na zona de conforto.

O ano de 2018 foi um divisor de águas para mim, quando tive um grande problema na empresa. Com tudo que absorvi e assimilei nesses anos de muito estudo, quando precisei enfrentar esses desafios, fui capaz de tomar decisões severas e frias com coragem e sabedoria, o que gerou enorme transformação e resultados.

Em apenas alguns meses, fiz na gestão da empresa o que deixei de fazer durante quase catorze anos.

Se trabalharmos apenas na base da força, fazemos as coisas no automático e, na maioria das vezes, cheio de erros e vícios. Usando apenas a força, não enxergamos inúmeras oportunidades. Precisamos aprender a pensar, a deixar fluir a nossa sabedoria. Ser sábio é muito mais do que viver correndo de um lado para o outro. É sentir a vida!

Você já parou para pensar na empresa, em uma meditação, por exemplo? Ou é tão acelerado que nunca teve tempo ou paciência?

Colaboradores amam ser liderados por pessoas que param para pensar, que os escutam e analisam. Um dos grandes problemas de líderes que querem fazer tudo sozinhos é dar orientações precipitadas e que, no decorrer dos trabalhos, caso apareçam mais erros que o normal, perdem autoridade e a equipe pode diminuir a energia.

Aja apesar do medo

Nosso maior obstáculo somos nós mesmos. A função da mente é nos proteger, e o sentimento que nos protege é o medo. A mente sempre procura algum problema para nos escoltar, e uma das maneiras é correndo dos desafios. Mas é justamente nos desafios que estão as oportunidades para chegar ao sucesso. Precisamos nos preparar e aprender a agir com medo, apesar do medo.

A pessoa sábia sabe que as decisões a serem tomadas são as melhores dentro de sua consciência, mas o resultado dessas decisões nem sempre é positivo.

Se os desafios surgirem e os resultados não forem satisfatórios, será somente mais uma opção testada e o caminho segue evoluindo. O cérebro entende que eliminou uma das possibilidades que estavam no caminho e, se não tivesse tomado aquela decisão, estaria emaranhado na dúvida.

Liste a seguir cinco pessoas que usaram os grandes problemas não para se vitimizarem, mas para se tornarem gigantes:

Primeiro pilar: sabedoria emocional

Ser flexível é essencial

Qual é a relação entre sabedoria e fluxo? Você prefere uma árvore dura ou um salgueiro que deixa fluir?

Saber se movimentar de acordo com o que está acontecendo é o grande diferencial do empresário de sucesso. Quando as pessoas são muito rígidas, não lidam bem com mudanças inesperadas, desafios e falhas. Acontece uma grande quebra de expectativa e a expectativa é a mãe da decepção.

O sábio faz a sua parte agindo e, ao mesmo tempo, é como um salgueiro que aprecia os acontecimentos, deixando fluir. Resistir ao que acontece é sofrimento.

A pessoa sábia não sofre com fatos que ela não pode controlar.

Se algo deu errado, o empresário precisa ter consciência de que fez o melhor para a empresa, que deu o melhor de si e aceitar o que vier, tomando as decisões tranquilas, que são as mais adequadas para sair de uma situação negativa. É preciso aceitar que algumas coisas na empresa ou até a própria empresa não funcionam mais e é preciso se ajustar, se adequar ou até buscar novos modelos de negócio.

É preciso entender o momento certo para persistir para não se tornar teimosia. Persistir até alcançar êxito é uma expressão forte e verdadeira que se aplica onde sabemos que teremos resultados e que vale a pena.

Pratique a gratidão

É fundamental ressignificar os acontecimentos ruins para alcançar o sucesso. E isso está relacionado com gratidão. Só tem o carro arranhado quem tem carro. Só passa raiva com equipe quem tem equipe.

Eu tinha uma reunião agendada com um dono de empresa grande e recebi uma mensagem para adiarmos a reunião, pois ele não poderia mais vir, porque uma máquina havia quebrado e estava muito nervoso com isso. Eu logo pensei: "Correto, tem que cancelar a reunião mesmo porque a prioridade é resolver o problema da máquina e nossa reunião não é urgente". Mas ficar nervoso pelo fato de a máquina quebrar? Só quebrou porque tem a máquina e é preciso ser grato.

A gratidão, mesmo que por situações simples, coloca um saldo positivo na conta da felicidade. Porém, cada sofrimento com algo que deu errado coloca um saldo negativo na conta da felicidade.

A tristeza e a alegria refletem o momento presente. Estar alegre não significa que sou feliz. Assim como estar triste não significa que sou infeliz. Quando nos permitimos sofrer por longo período, uma tristeza duradoura, mesmo que sejamos felizes, podemos nos tornar infelizes ou até deprimidos. Quanto maior a dor, maior a possibilidade de construir a melhor história da sua vida. Perder faz parte da vitória do crescimento e do processo de evolução do ser humano.[9]

É preciso sabedoria para traçar suas metas

Para alcançar a prosperidade e a felicidade, primeiro busque saber do que precisa para ser feliz. Qual o tamanho da empresa você quer ter? O que você quer está baseado nas suas próprias necessidades e desejos internos? Ou está parametrizado no que vê nos outros?

Já vi uma pessoa pública dizendo que viu um quarteirão imperioso de um homem rico e ficou se perguntando: "O que ele fez de diferente que eu não fiz? Por que eu não tenho o que aquele homem tem?". Assim fazia com tudo o que os outros tinham conquistado e ela não. Essas comparações podem ser positivas e negativas. Uma das qualidades do sábio é não ser acomodado, mas correr sempre atrás dos seus objetivos, que devem estar alinhados com seus valores, com a ideia de felicidade e de prosperidade.

---

[9] PÉPIN, C. **As virtudes do fracasso**. São Paulo: Estação Liberdade, 2018.

Primeiro pilar: sabedoria emocional

Quero que você conclua a leitura deste livro com grandes metas, mas metas baseadas no que você precisa para ser plenamente feliz e realizado.

Você pode sonhar em comprar seu próprio avião ou ser a pessoa mais rica do Brasil. Apenas sonhe o seu sonho, sem comparar com os dos outros.

Vou ajudar você a identificar seus sonhos. Reflita por alguns minutos e liste a seguir quais são os seus sonhos e desejos para daqui a cinco e dez anos.

```
_____
_____
_____
_____
_____
_____
```

SABEDORIA EMOCIONAL NA PRÁTICA

Você já deve ter ouvido a expressão "não passar o carro na frente dos bois". Para quem não é da roça como eu, fica melhor dizer que com as peças desencaixadas, fora dos seus devidos lugares, nada funciona.

Para que nossas empresas funcionem corretamente, as peças também precisam se encaixar e tudo começa no CPF do dono. Muitos abrem o CNPJ, mas o CPF está com sérios problemas de ajuste. Para que o CNPJ dê certo, vamos encaixar corretamente primeiro as peças no CPF.

Quando se fala em sabedoria emocional ou autoconhecimento, muita gente já pensa que é linguagem pastoral ou de coach. Estamos falando de uma simples engenharia humana que começa em você e com você. É entender de você para, assim, entender dos outros, para então saber comunicar corretamente com as pessoas e extrair o melhor dos humanos, num ambiente de dar e receber ou de servir e ser servido e fazer a roda da prosperidade girar.

Agora que conhece as maneiras de usar e trabalhar sua sabedoria, vamos dividir o tema em três partes:

1 VOCÊ E O MUNDO

2 QUEM É VOCÊ

3 COMUNICAÇÃO E O MUNDO

VOCÊ E O MUNDO

Sua relação consigo mesmo define sua relação com o mundo. Crescemos com determinados comportamentos e crenças, moldados e influenciados pelo ambiente em que vivemos. É preciso estender a sua evolução para os demais líderes e colaboradores da empresa e criar uma simples engenharia humana.

É em casa, desde crianças, que iniciamos nossa relação com o mundo e formamos nossos valores e cultura, pois nossos pais têm origens e genéticas diferentes. Na família, uns se parecem mais com o bisavô paterno, outros, com o materno. Na convivência com os colegas na escola, começa a expansão das relações. Conhecemos outras crianças que cresceram em outras casas e têm origens,

Primeiro pilar: sabedoria emocional

hábitos, costumes e culturas diferentes. No mundo escolar, com nossos professores, colegas e através do digital, a cultura pessoal que adquirimos em casa é complementada.

Mas para quem, assim como eu, tem mais de 25 anos, percebe que, sem a globalização digital, a cultura do ambiente que crescemos é mais forte, e nossa empresa também reflete essa cultura. O sucesso do seu negócio depende da sua cultura. É por meio dela que você atende os seus clientes, e será que sua cultura está ajudando ou prejudicando? Ela é boa e seus colaboradores a praticam ou seu atendimento é confuso? Qual o nível de satisfação dos seus clientes?

Crescemos com comportamentos aprendidos seja por admiração, seja por educação ou antipatia. Qual a sua maior referência cultural? Eu, por exemplo, absorvi comportamentos que admirava no meu pai. Em contrapartida, tenho alguns comportamentos que são contrários aos dele, pois tinha antipatia.

Damos pouca atenção à mudança de nossos comportamentos, personalidades e valores éticos e morais ao longo da vida, e isso resulta em muitos desentendimentos em nossos negócios. Existem estudos que mostram que a origem dos nossos comportamentos é dividida em genética e ambiente, e isso reflete nas nossas escolhas.[10]

Que ambientes você frequenta? Já refletiu sobre os comportamentos herdados de seus ancestrais? Quais escolhas você tem feito e quais está disposto a mudar para melhorar o seu resultado? Que resultado tem alcançado? O que faremos neste mundo e em que o mundo precisa de nós? Qual é a sua contribuição? O que os seus pais gostariam que você fizesse – estudar para passar em um concurso público ou estudar para conseguir um bom emprego?

---

[10] TESTONI, M. Iguais, mas únicos: personalidade é como um retrato particular e ao mesmo tempo um universo a ser explorado pela ciência. **VivaBem UOL**, 17 dez. 2021. Disponível em: https://www.uol.com.br/vivabem/reportagens-especiais/iguais-mas-unicos-tudo-sobre-personalidade/. Acesso em: 28 mar. 2023.

Escreva abaixo quais profissões você teria se não fosse empreendedor.

_____
_____

Agora, escolha qual a que mais se identifica você e anote quais seriam suas responsabilidades ao longo da vida para ter sucesso na profissão e qual salário alcançaria.

_____
_____

É bem provável que você tenha descoberto que, para ter sucesso em um cargo público, por exemplo, teria que estudar muito, ou, se escolheu um cargo de CEO numa grande empresa, também não deve ter anotado ingredientes de uma zona de conforto no dia a dia.

As pessoas dizem que empreender é difícil, reclamam dos impostos, das burocracias, de ter que lidar com pessoas, vendas e finanças, mas estariam dispostas a voltar a ser funcionário em uma empresa ou pagar o preço para ser um funcionário público?

Será que penso que empreender é fácil porque comparo ao meu passado, quando trabalhava na roça carregando pedras, ou aos tempos em que trabalhava como empregado durante o dia e entregava pizza à noite para acelerar meus ganhos? Ou será que para mim empreender é fácil em relação à época em que eu não fazia uma boa gestão na minha empresa e era sobrecarregado pelo meu excesso de centralização?

O que quero mostrar é que somos nós os responsáveis por facilitar ou dificultar nosso próprio caminho. Independentemente se você é funcionário público, funcionário ou empreendedor, faça-o com dedicação e amor, com verdadeiro senso de servir, amando

Primeiro pilar: sabedoria emocional

o que faz. Só assim facilitará o seu caminho e sua relação com o mundo. A vida será bela!

Liste quais são os traços de personalidade que mais marcam você na relação com o mundo. (Por exemplo, honestidade, extroversão, timidez, agressividade...)

```
_____
_____
```

Liste seus dez principais valores na sua relação com o mundo:

```
1 - _____
2 - _____
3 - _____
4 - _____
5 - _____
6 - _____
7 - _____
8 - _____
9 - _____
10 - _____
```

Entre os valores listados anteriormente, escolha os cinco que considera mais fortes:

```
1 - _____
2 - _____
3 - _____
4 - _____
5 - _____
```

Comparando o seu passado e o presente e as mudanças que ocorreram, como você se vê daqui a dez anos de acordo com a sua personalidade e valores?

```
_____
_____
_____
_____
```

Existe algo na empresa que você já pode ir ajustando, baseado nas mudanças que quer ter?

```
_____
_____
_____
_____
```

Essas perguntas são provocativas. Ao decorrer da leitura e reflexões, suas respostas já não serão mais as mesmas quando repetir esses exercícios.

A QUAIS GRUPOS VOCÊ SE SENTE PERTENCENTE NO MUNDO?

O quanto pertenço aos sistemas que existem no mundo? O quanto pertenço a mim mesmo, à família, à empresa, ao grupo de *mastermind*, à associação, aos amigos, à sociedade? Quais desses

Primeiro pilar: sabedoria emocional

ambientes me trazem mais paz interior e felicidade? Quais me trazem mais resultados financeiros nos meus negócios? Existem alguns comportamentos específicos em algum desses grupos que o levam para baixo no que diz respeito à vida pessoal? E empresarial?

O que você pode fazer para não ser influenciado de modo nocivo em ambientes negativos?

O sábio não abandona as origens e sabe diferenciar os papéis. O sábio fala de assuntos diferentes com cada pessoa ou grupo compatível. Ele não se relaciona apenas por interesse, mas seleciona os grupos que o puxam para cima.

Eu, por exemplo, procuro fazer parte de grupos de empresários e *masterminds* para renovar a chama empreendedora e não cair no comodismo de uma liderança e gestão fraca. O poder da mentalidade de um grupo empresarial é enorme, aproveitamos ao máximo o tempo para falarmos de negócios, aprender e doar conhecimentos, fazendo uma troca e aumentando o nível de performance de todos.

Também gosto de viajar para o interior, onde cresci, pois isso me traz as melhores energias. Nos encontros com pessoas da família, de amigos ou colegas, não se fala de empreendedorismo se a pessoa não empreende e nem pretende empreender. Devemos conversar com todos os grupos que nos fazem bem, em todos os níveis, e sermos influenciados apenas de acordo com os objetivos e sonhos que queremos atingir.

Se converso com minha mãe e ela me diz que empreender é ruim, mas quero empreender e é o meu sonho, não devo ser influenciado pela opinião da minha mãe. Vou me deixar influenciar por quem é fascinado por empreender.

Entenda a importância do quanto você gera vínculo com as pessoas e a capacidade de fazer com que elas ganhem ao estar com você. No jogo da vida ou dos negócios, todos precisam ganhar. Tudo vem das pessoas e, quanto mais você se desenvolver nessa engenharia humana, mais sucesso terá.

> "Um analfabeto que saiba a engenharia de pessoas, que tenha a arte de liderar e influenciar pessoas, pode ter mais sucesso financeiro que um grande engenheiro técnico que não domina a arte de liderar e influenciar pessoas."
>
> **Dale Carnegie, no livro**
> *Como fazer amigos e influenciar pessoas*

QUEM É VOCÊ

É preciso aprender a olhar para dentro de si e conhecer os próprios comportamentos e os perfis comportamentais de quem está à sua volta.

Os problemas empresariais que levam as pessoas a falar que empreender é difícil começa no EU, na pessoa do dono, e eles vão acontecendo aos poucos, em pequenos buracos que se transformam em grandes abismos. São os seus comportamentos que fazem o resultado. Não devemos focar os resultados, e sim os comportamentos, atitudes, mentalidade, sentimentos. Eu não imaginava chegar aonde cheguei, estava muito além da minha capacidade de sonhar na adolescência e juventude.

Quando tive o meu primeiro emprego, não imaginava ser promovido tão rápido. Mas a falta de expectativa não me atrapalhou, porque eu era focado nas minhas atitudes diárias, sendo honesto com meu trabalho e dando o meu melhor em cada tarefa. O resultado foi muito melhor do que pensava.

Sua empresa tem a sua cara, é seu reflexo. Se quer melhorar os comportamentos da empresa, comece pelos seus. Se quer crescer a empresa de tamanho, cresça você também de tamanho.

Primeiro pilar: sabedoria emocional

Você precisa acreditar em si mesmo e se sentir merecedor. Precisamos nos amar pela coragem que temos em sermos empreendedores e praticarmos todos os dias o que é necessário para que tenhamos os melhores resultados em nossos negócios. Quem sabe sobre você é você, e o que outra pessoa diz sobre você representa mais sobre ela mesma.

Cuidado com a primeira impressão. Ela não pode ser a última que fica. Um produto pode chegar numa linda embalagem e não ser bom. Você pode olhar para o rosto de uma pessoa e tirar conclusões precipitadas. Poderá haver acertos com o julgamento da primeira impressão, mas também muitos erros.

Em 1999, quando era coordenador em uma empresa, deixei de contratar uma pessoa que me pediu pessoalmente umas três vezes por uma vaga porque não fui com a "cara" dela. Meses depois, tive uma grande urgência em fazer uma contratação e já era noite. Selecionei alguns currículos que o RH havia colocado na pasta e, devido à minha extrema necessidade, fiz as entrevistas rápidas pelo telefone e selecionei um candidato para que chegasse na empresa no outro dia às sete da manhã para fazer o exame admissional. Para minha surpresa, era o rapaz que havia me pedido emprego várias vezes de quem eu interpretara precipitadamente no rosto comportamentos que não me atendiam. Contrariando todos os meus julgamentos, foi o maior aprendizado na minha vida para que a primeira impressão não prevalecesse mais. Os resultados que aquele profissional trouxe para minha equipe foram surpreendentes positivamente.

Por pouco, não deixei de trazer resultados para a equipe por não analisar direito e achar que seu comportamento não condizia com a cultura da empresa, parte disso devido à minha falta de desenvolvimento pessoal, que muitos líderes não priorizam.

O empreendedor vive dizendo que está na correria, trabalhando demais, e nunca tira um tempo para reflexões e para se desenvolver pessoalmente. Passar três dias num treinamento para se aperfeiçoar, ter maestria e liderança de si mesmo é "coisa de gente à toa". Ele acha que não precisa disso, que isso não coloca dinheiro na conta dele e que ele tem que ser "faca na caveira", ralar muito e faturar alto. Claro que não tem nada de errado nisso. Se antes eu não possuía sabedoria suficiente, foram as minhas forças que me levaram à frente, mas foi somente quando me capacitei que obtive verdadeiro avanço.

Faltava para mim uma das virtudes do sábio, que é a humildade. O sentimento de independência e o orgulho me levavam a só procurar ajuda quando me sentia extremamente cansado.

Quando procurei ajuda, participei de um treinamento de capacitação pessoal e de liderança que foi um divisor de águas na minha vida. Eu me lembro bem do primeiro dia, uma quinta-feira, com a empresa em pleno vapor e precisando de mim. A todo momento ligações, mensagens de WhatsApp, e-mails. No fim do dia, vários colegas do curso comentavam que foi o melhor dia da vida deles e eu sem entender por que falavam aquilo. Fui embora pensando: "Por que só eu, em mais de trinta pessoas, não achei nada excepcional naquele primeiro dia de curso? E cheguei à conclusão de que só respirava a empresa e não olhava para dentro de mim. Será que amava tanto o negócio, e não eu mesmo?".

À noite, o sono não vinha porque comecei a me perguntar se o problema não era eu, em vez de falar mal do curso. Comecei a me lembrar da minha falta de paciência com muitos professores na faculdade e também com muitos funcionários na empresa. Refletindo muito, cheguei à conclusão de que eu era acelerado demais e precisava dar um passo atrás. No segundo dia, na sexta-feira, mudei o comportamento e comecei a me conectar comigo mesmo, a querer me desenvolver.

Em uma das dinâmicas do curso, estava escrevendo de cabeça baixa e me esforçando para não chorar, por vergonha, orgulho e

Primeiro pilar: sabedoria emocional

por não admitir que estava me entregando àquela metodologia. De repente, ouvi as pessoas à minha volta chorando, e, para minha surpresa, uma delas era um homem alto e forte, que se assemelhava ao Hulk, e aquilo me fez desabar. Se ele, daquele tamanho, estava chorando, eu também podia.

Foi o início da transformação de um empreendedor cansado para um homem que começava a pensar o negócio de modo diferente, pois o universo se abriu. Conhecendo a mim, aprendendo a ser líder e mestre de mim mesmo, para então poder ser um líder melhor e mestre das outras pessoas e da minha empresa.

Se queremos que nossa empresa cresça, precisamos amadurecer em capacidade pessoal e profissional. Delegar para pessoas capacitadas e empreender outros negócios. Viver a Felicidade Empreendedora!

Pude continuar meu desenvolvimento em outros treinamentos de liderança pessoal, me preparando para ser um líder melhor para que minha empresa também pudesse ser uma empresa melhor. A cada treinamento e capacitação, eu descobria algo que eu havia deixado de fazer ou estava fazendo da forma errada.

Uma das grandes características que as pessoas querem ver em nossa identidade se chama sinceridade, assumindo a culpa pelos nossos atos. Assim como a característica da nossa capacidade de nos perdoar, de nos curar por tudo de ruim que aconteceu.

Como melhorar o que não está bom?

Se a empresa não está alcançando os resultados dos seus sonhos, se ela não vai bem ou se quebrou, orgulhe-se pela coragem que teve de ter aberto a empresa, pela ousadia de fazer a diferença, gerando empregos e atuando como protagonista no atendimento das necessidades externas. Seu passado não influencia o futuro. Saiba lidar com as perdas do passado e construa o futuro, hoje.

E como você fará isso?

Para melhorar o que não está bom, o primeiro de tudo é criar regras.

Talvez as regras do jogo da vida pessoal e dos negócios não foram suficientes até aqui ou nem existam. Regras são necessárias para não tomarmos decisões baseadas em emoções, já que nem sempre o bom senso prevalece. Não pense que, por ter nascido assim, vai morrer da mesma maneira. Não faça isso com você! Mude sempre que necessário.

> "Você não deve tentar mudar, você deve escolher fazer ou não fazer. Se você não mudar a direção, pode acabar chegando aonde você está indo."
>
> **Lao-Tsé**

É preciso fazer diferente, mesmo que tenha que tomar ações que sejam completamente impopulares, e, para vencer nos negócios, é preciso algumas decisões impopulares. Todas as pessoas que fazem algo grande têm críticos. O sucesso normalmente exige reprovações!

Em determinado momento na minha empresa, abri mão do orgulho e pensei: "Eu, Marcos, respeito você, mas não me importo com o que você pensa a meu respeito". E tudo se resolveu! Quanto maiores o compromisso e a disciplina em fazer acontecer, maior o poder.

Para melhor conscientização da importância de não atendermos à nossa natureza conformista e sem regras, faça os seguintes exercícios. Escreva uma situação em que você escolheu o caminho

Primeiro pilar: sabedoria emocional

fácil, da zona de conforto, e isso lhe gerou momentos difíceis ao deixar de fazer o que é necessário.

Escreva uma situação em que escolheu o caminho mais duro e isso lhe gerou tranquilidade depois.

Ninguém gosta de regras e disciplina, mas são fundamentais nos negócios.

Escreva as suas antigas regras (pessoais e na empresa).

O código dos negócios extraordinários

Com o que você aprendeu até aqui, escreva as novas regras a serem implementadas e observe o que mudou.

Acrescente nessa declaração tudo aquilo a que você se compromete consigo mesmo e que sabe que trará resultados nas áreas emocional, física, financeira e espiritual. Mantenha a sua palavra e cumpra seus compromissos, sempre tomando cuidado com o excesso deles. Comprometa-se somente com o que vai conseguir realizar.

Por exemplo:

Eu, _____, declaro que, a partir de hoje, me comprometo a olhar meu fluxo de caixa todos os dias às oito e meia; me comprometo a analisar os indicadores comerciais todos os dias às cinco da tarde e fazer duas reuniões mensais para analisar a evolução do lucro da empresa.

Se você fizer pequenos esforços todos os dias, não precisará "se matar" fazendo grandes esforços em determinados momentos. Exatamente por, desde criança, não gostarmos das regras e da disciplina, precisamos resolver grandes problemas ao longo da vida, seja na vida pessoal, seja na profissional. Se algum grande esforço precisou ou precisa ser feito, é porque não fizemos os pequenos esforços do dia a dia.

Sua palavra precisa ser a lei do universo. Se sua palavra vale ouro, o que você cria também vale. Se sua palavra não vale nada, o que cria também não. Se não cumprir os pequenos compromissos,

Primeiro pilar: sabedoria emocional

não conseguirá alcançar os grandes sonhos e objetivos. Você precisa aprender a dominar as pequenas coisas para dominar as grandes.

Faça uma lista de coisas que não vai mais fazer e uma lista de coisas com as quais se compromete:

VOU DEIXAR DE FAZER	VOU FAZER

Como você lida com os nãos?

A maioria dos empreendedores começa um negócio por necessidade. E, para ser livre para empreender por escolhas das oportunidades e construir seu caminho da riqueza, é necessário tomar decisões e escolher caminhos.

Será difícil performar se o ambiente que está não performa. Se você estiver com pouca força e sabedoria para mudar o ambiente, diga não para esse ambiente. Mude, frequente novos grupos e adquira o que está faltando.

A parte mais difícil do dia a dia são as escolhas que precisamos tomar. O segredo não está nas grandes decisões, mas, sim, nas pequenas.

Como você lida com os nãos que recebe? Na estatística do seu segmento, quantos nãos você precisa ouvir para alcançar um sim? Cada não deve ser comemorado, pois, a cada não, mais perto você está de ouvir o sim.

Tem uma frase da qual gosto muito do youtuber e consultor econômico Rick Chesther: "Sou o resultado do não que eu dei a todos os nãos que me deram".[11] E é exatamente isso. Tudo depende de você, das suas decisões. Então aja! O esforçado vence o talentoso que não se esforça e, se você for um talentoso esforçado, penso que superará mais de 98% das pessoas. Empreender só é difícil para as massas empreendedoras e você não está aqui para pertencer às massas, e sim a um grupo diferenciado. Diga sim para as novas atitudes!

Positividade não faz milagre, mas gera possibilidades

Certa vez, em 2006, eu estava realizando entregas em uma caminhonete da empresa e ela quebrou em uma subida. Mesmo antes de sair do veículo, imaginei que havia quebrado o diferencial (uma peça que transfere a força do motor para as rodas). Quando saí, apareceu um homem na porta de uma casa, bem à minha frente, muito prestativo e querendo me ajudar:

"Deu problema aí?", perguntou.

"Sim, acho que foi o diferencial que quebrou."

"Não pense assim. Você precisa ser positivo", falou. "Diga que não foi o diferencial e que isso é coisa à toa."

Achei aquilo engraçado e, rindo, disse:

"Mas já aconteceu o que tinha que acontecer. Se for um parafuso ou o diferencial, já está quebrado e meu pensamento positivo não fará milagre para reparar o problema!".

E o problema de fato era o diferencial. Um defeito que nenhum dono de caminhão ou caminhonete antiga gostaria de ter.

Por que devemos ser positivos mesmo em situações negativas? Positividade tem a ver com o espírito de planejar para evitar o problema e saber lidar quando ele acontece. Seja um parafuso, uma bateria, um fio solto ou o diferencial.

---

[11] CHESTHER, R. **Pega a visão**: verás que um filho teu não foge à luta. São Paulo: Buzz, 2018.

> "A parte mais difícil do dia a dia são as escolhas que precisamos tomar. O segredo não está nas grandes decisões, mas, sim, nas pequenas.

A positividade não me abateu com os planos do dia, que foram todos frustrados devido à quebra do diferencial. A positividade me levou a manter o espírito feliz para pensar em qual seria o melhor mecânico ou o melhor reboque. A positividade me fez pensar que, em breve, eu me livraria da caminhonete e compraria outra mais nova.

Vivemos numa economia instável, influenciada por uma política confusa e conflituosa. Problemas estão quase sempre presentes e precisamos ter alternativas, nos adaptando e os resolvendo. Em nossas empresas ou profissões, devemos ser sempre positivos, fazendo o planejamento, executando e sendo sempre melhor. A cada repetição, tudo vai fluindo mais. Às vezes, teremos muitas vendas, outras, passaremos por momentos em que é necessário mais esforço para cruzarmos a linha do ponto de equilíbrio, das receitas e das despesas. E, se não nos cercamos de positividade, nossa mente sofre o impacto dos imprevistos.

É importante reprogramar os pensamentos e a maneira como vemos e enfrentamos os acontecimentos negativos. Cuidemos e controlemos a mente e permitamos que ela seja nossa geradora de bem-estar e felicidade!

Toda vez que acontecer algo ruim, em vez de massacrar a sua mente lamentando, comece a exercitá-la pensando nas alternativas para sair da situação, em quais saídas, nas próximas ações para você vencer aquele momento. Se não surgirem ideias de imediato, descanse a mente e elas vão surgir, vão pingar na sua cabeça, seja nos instantes seguintes, seja no chuveiro, no volante do carro. Às vezes a mente só precisa de um pequeno espaço que você dê para ela.

Outra maneira é conversar com pessoas que são positivas, que já superaram problemas iguais ou maiores do que os seus. Lembre-se de que as oportunidades estão sempre presentes, mesmo nas situações mais difíceis.

Há alguns dias, quase na hora de ter uma grande entrada de capital, eu tive uma grande decepção em um projeto. Parecia tudo perdido e, por causa do grande fracasso, fui conversar com algumas pessoas para buscar alternativas. O resultado é que me

Primeiro pilar: sabedoria emocional

indicaram pessoas que me ajudaram não só a resolver o problema como também a deixar o projeto muito melhor e mais rentável. Ou seja, alternativas sempre vão existir se a mente for condicionada a buscá-las.

Como sabemos, o sucesso de um empreendedor depende muito da capacidade que ele tem de lidar com problemas. O uso da mente envolve além da própria mente. Uma mente inteligente não hesita em pedir ajuda para outras mentes. Grandes empresas só se formam por equipes extraordinárias.

E, falando em mentes e equipes, um erro grave numa empresa é montar um time de pessoas que pensam a mesma coisa. Eu já tive a mania de contratar funcionários que pareciam comigo e a empresa sofria por falta de colaboradores que fossem diferentes, já que determinadas funções e atividades necessitam de outros perfis.

Na empresa, eu era de personalidade forte, de muita dominância e comunicação. Normalmente, esse tipo de pessoa gosta de vender e de expandir e a empresa fica com deficiência em planejamentos e análises. Eu só melhorei a gestão e equilibrei as minhas equipes quando comecei a contratar perfis adequados para cada cargo e funções e graças à implantação do que você vai ver a seguir.

Perfis comportamentais

O DISC[12] é uma ferramenta simples e útil, com o propósito de definir os perfis comportamentais dos futuros colaboradores, mas poucos são os empreendedores que usam para entender melhor a si mesmos.[13]

---

[12] Você pode saber mais sobre a ferramenta em: https://www.disc.com.br/.
[13] O QUE é, como analisar perfil DISC e vantagens de aplicar esse teste na sua empresa. **Sólides**, 1 fev. 2023. Disponível em: https://blog.solides.com.br/analisar-perfil-disc/#. Acesso em: 3 jun. 2023.

Quando estudei o meu perfil comportamental segundo essa ferramenta, a minha mente se abriu. Percebi como me relacionava com os outros, os meus pontos fortes e os pontos que necessitavam melhorias, além de identificar os perfis predominantes das demais pessoas. Descobri que às vezes queremos que uma pessoa dê resultados no lugar errado, não é que seja um defeito dela. É preciso reconhecer as virtudes do colaborador e alocá-lo em setores que o façam trazer melhores resultados.

Agir assim facilita a gestão de pessoas. Você deixa de ver muitas atitudes ou comportamentos como defeito, e sim como características que podem ser utilizadas nos devidos lugares. Começa a compreender o jeito peculiar de ser de cada um e treina a equipe eliminando muitas divergências do grupo. Cada um entendendo o papel do outro e sabendo que são interdependentes e complementares ao mesmo tempo. Assim se faz uma grande equipe e é com uma grande equipe que se faz uma grande empresa.

Tudo começa pelo líder, pela harmonia na relação dos sócios e se estendendo para todo o restante. Quão individual é a nossa formação e o que acontece quando nos juntamos em grupo?

A seguir, vamos definir cada perfil do DISC. Leia atentamente e identifique qual você considera ser o seu. Pense também em sua equipe, tente identificar os perfis dos membros dela. Você verá que é uma ótima ferramenta de autoconhecimento e também de conhecimento do outro. Isso com certeza ajudará você a fortalecer o vínculo de todos e, por conseguinte, aumentar os seus resultados.

Dominância – Vem do inglês domain e se refere ao perfil Executor
Pessoa ativa, otimista, dinâmica e dominante. Líder nata, não tem medo de assumir riscos e enfrentar desafios. Em geral, a maioria dos empreendedores mais ousados tem como predominante esse perfil.

Tem enorme disposição física e demonstra muita determinação e perseverança. A cada obstáculo, mais ação. É autoconfiante e tem característica de líder. Pode ser autoritário e um tanto quanto inflexível. Acredita no seu ponto de vista e por isso luta por suas ideias. Esse perfil costuma agir antes de pensar. Gosta de tarefas rápidas, tem muita iniciativa, muita energia e precisa ter atenção em terminar os projetos que inicia, pois pode se comprometer além da capacidade. Não é muito organizado, pode pecar nos detalhes e nas conclusões antes de iniciar um projeto novo.

Quando fiz meu primeiro teste, o resultado foi 42% de predominância nesse perfil. Um percentual muito alto, que me ajudou muito até certo ponto. Se esse percentual tivesse sido um pouco menor, teria evitado alguns erros na minha jornada por falta de planejamento e análise, mas talvez a empresa não tivesse crescido tanto. Em gestão de pessoas, se eu tivesse me conhecido antes, teria sofrido menos com excessos de centralização e falta de delegação.

Esse perfil, se não tiver entendimento da engenharia humana, pode achar os planejadores e analistas lentos e burocráticos.

Influência – Vem do inglês influence *e se refere ao perfil Comunicador*

Pessoa extrovertida, falante e ativa, não gosta de rotina. Necessita de contato interpessoal, de ambientes harmoniosos e gosta de ser percebida. É vaidosa e admira a sua projeção pessoal e social.

Os comunicadores são animados e festivos. Gostam muito de viajar, sair e socializar com pessoas do mesmo perfil. São alegres e de certa maneira tendem a ser líderes. Geralmente, falam bastante e mudam de um assunto com facilidade. Não gostam de processos, métodos e regras. Muitas vezes, o comunicador é tachado de "sem noção" por falar sem filtros com desconhecidos, podendo ser inconveniente em determinadas situações.

Esse era meu segundo perfil, com um percentual de 28%. Eu falava muito e escutava pouco. Como eu vendia, produzia e tinha multifunções, ter o executor com 42% e o comunicador com 28% fez com que eu alavancasse a empresa, mas precisava diminuir esses percentuais para dar espaço para que os outros dois perfis comportamentais pudessem crescer. Esse perfil é como se fosse um irmão do perfil executor e primo dos planejadores e analistas.

Estabilidade – Vem do inglês stability *e se refere ao perfil Planejador*
São pessoas calmas, tranquilas, prudentes e controladas. Gostam de rotinas e atuam em conformidade com normas e regras estabelecidas. Tomam decisões sem pressão e, frequentemente, com bom senso. Seu caráter e ritmo são constantes e disciplinados. São pacientes, observadoras, passivas e têm boa memória, embora possam carecer de criatividade. Em situações emergenciais, agem com tranquilidade.

São extremamente introvertidas e com um temperamento de fácil relacionamento, manso e bem equilibrado. Pensam e planejam a melhor forma antes de iniciar uma tarefa. Após o início da tarefa, irão até o fim por conta própria e preferem não ser interrompidas. Melhor deixá-las concluir.

Normalmente esse perfil é bastante resistente aos comportamentos dos executores e comunicadores, caso não entenda o lugar de cada um deles na equipe. O gestor precisa mostrar a importância de todos.

Cautela – Vem do inglês conscious *e se refere ao perfil Analista*
São pessoas preocupadas, rígidas, porém calmas. Seu comportamento é discreto e tendem a ser retraídas e caladas. Possuem facilidades na arte por serem sensíveis e são sempre carinhosas e amantes.

São inteligentes, intelectuais e hábeis com tarefas detalhadas e preferem atuar com o estímulo dos demais. São intuitivas e curiosas e têm inteligência verbal.

Primeiro pilar: sabedoria emocional

Por serem extremamente perfeccionistas, devem ser monitoradas até o fim de uma atividade, ser constantemente estimuladas para que vençam a fase do pensar e do fazer. Necessitam de reforços de aprovação, pois sempre pensam que seu trabalho está imperfeito. São sensíveis a críticas, magoam-se com certa facilidade e geralmente são pessimistas. Também costumam ter certa antipatia de muitos comportamentos dos executores e comunicadores e precisam de uma gestão que explique a importância de todos na empresa. O analista é como se fosse um irmão do planejador e primo dos outros dois perfis.

E então? Identificou o seu perfil e os dos membros da sua equipe? Verificou se estão todos alocados corretamente de acordo com suas atribuições? O perfil comportamental de um colaborador do comercial, por exemplo, é o oposto de um colaborador de tecnologia. Quem é comercial normalmente tem o perfil comunicador em primeiro lugar e o executor como segundo. Quem é programador ou desenvolvedor de tecnologia tem um perfil principal analista e em segundo, planejador ou vice-versa.

Atualmente vemos muitas startups vindo de ideias geniais, desenvolvidas por mestres da tecnologia e com muita dificuldade de ter sucesso. Quantos ótimos projetos nascem, mas não decolam, enquanto outros pouco encantadores sobressaem. É fato que ideias e projetos no papel, se não houver quem faz a venda acontecer, não viram. O desafio é encontrar bons sócios com característica comercial, outros com característica financeira e formar um time equilibrado. Encontrar bons gestores comerciais que não venham para ser sócios exige mais esforço financeiro, pois esses têm um perfil comportamental de empreendedor e, para trabalhar como funcionários, terão que ser seduzidos por meio de ótimas propostas financeiras que talvez um negócio novo tenha dificuldades de pagar. Uma das alternativas seria oferecer salário + participação na sociedade, com contrato de comprometimento mínimo de tempo (*vesting*), de modo que os percentuais de sociedade vão sendo conquistados de acordo com o tempo e resultado. É importante ter um bom jurídico para auxiliar principalmente nas cláusulas de entrada e saída.

Você pode estar se perguntando se tem muitos casos de insucesso em empresas nas quais os fundadores são muito comerciais e quase nada analíticos e planejadores. Sim, tem alguns e também é só equilibrar com pessoas de perfis diferentes em cargos mais técnicos. Como boa parte desses perfis mais técnicos não curte muito empreender, é mais fácil contratá-los no mercado.

Mas é possível uma pessoa com perfil muito comercial se equilibrar e se tornar um pouco mais analítica e planejadora ou uma pessoa analítica e planejadora se tornar mais comercial? Claro que sim, embora terá que fazer alguns esforços, principalmente no início, até se habituar com esses novos comportamentos.

O que não pode faltar em uma jornada empreendedora é muito querer e energia. Vamos ver a seguir qual a razão que nos permite ter essa paixão.

Resiliência × Propósito × Felicidade[14]

Alguns psicólogos dizem que a resiliência é uma habilidade desenvolvida e se aplica tanto a adolescentes em sua formação quanto a adultos.

Desenvolver a capacidade de resistência nos faz evoluir a cada obstáculo. É provado cientificamente que as dores, quando resistimos a elas, nos levam para novos patamares, para novos níveis de felicidade. Voltamos ao estado anterior impulsionados

---

[14] BARBOSA, G. O que é resiliência. **Sobrare – Sociedade Brasileira de Resiliência**, 2013. Disponível em: https://sobrare.com.br/o-que-e-resiliencia-eu-posso-ser-resiliente/#. Acesso em: 3 jun. 2023.

Primeiro pilar: sabedoria emocional

e preparados para darmos mais um salto à frente e vamos aumentando nosso sentido de vida e de felicidade interior.

Se a resiliência é uma habilidade desenvolvida, segundo alguns estudos, o que fazer com nosso propósito?

Uma pessoa treinada a ter resiliência, sem nenhum propósito de vida e sem uma causa a defender, pode sofrer apenas com o objetivo de resistir, de ser forte, de defender determinada bandeira ou profissão. Isso parece sacrifício por muito pouco. É como viver no piloto automático, proveniente de um adestramento de alguém e, em muitos casos, dos próprios pais ou do ambiente em que cresceu.

Você realmente faz o que ama e é feliz no processo? Ou anseia pelas conquistas e pensa que só encontrará a felicidade no destino?

O que você faria de diferente se começasse a empreender hoje?

Sua empresa fará falta se não existir amanhã? Explique.

COMUNICAÇÃO E O MUNDO

A comunicação é algo imprescindível para a felicidade do empreendedor. Você é o seu maior vendedor, seja dos seus negócios, seja da sua vida. Por isso, você precisa aprender a se comunicar de modo que sua imagem, autoridade e influência se destaquem.[15]

A seguir, vamos analisar como a comunicação influencia em todas as áreas da sua vida e como isso interfere no empreendedor que você é.

Comunicação em casa

A maioria das pequenas e médias empresas é familiar. Se a empresa tem uma má gestão e os donos estão insatisfeitos com o negócio, a tendência é que haja uma péssima comunicação dentro de casa, com os casais brigando. Os filhos escutam e tendem a rejeitar o trabalho e a sucessão. Até a maneira como os pais se comunicam ao telefone com funcionários ou outras pessoas afeta a impressão

---

[15] CIALDINI, R. B. **As armas da persuasão**: como influenciar e não se deixar influenciar. Rio de Janeiro: Sextante, 2012.

Primeiro pilar: sabedoria emocional

que os filhos têm das empresas dos pais, caso esses escutem. Eu já tive uma experiência com minha filha quando ela tinha dez anos. Ela me escutou falando ao telefone com um gerente e a conversa era sobre um problema. Meses depois, ela disse que não queria ter empresas porque não teria paciência para lidar com funcionários. Ela gravou aquele episódio no cérebro sem que eu imaginasse.

Qual o seu discurso com seus filhos sobre empreender?

_____
_____
_____

Comunicação na empresa

As pessoas não escutam o que você fala, mas **como** você fala. E uma boa comunicação consiste em transmitir a sua cultura e a da empresa de maneira clara aos seus colaboradores e ter certeza de que eles entendem e transmitem essa ideia aos seus clientes. A compreensão da mensagem precisa ser a mesma de ponta a ponta, do CEO ao operacional, não podendo haver perda de detalhes do conteúdo.

Simplifique a mensagem para que pelo menos 90% da equipe entenda seu plano, a sua estratégia e processos. Não existirá concorrente que consiga pará-lo.

Comunicação com os clientes e com o mundo

O mundo está se digitalizando e é preciso ter habilidades na comunicação presencial e digital. Muitas empresas hoje têm seus líderes como seus garotos-propaganda, como influenciadores da marca, pois quanto mais a marca for humanizada, mais sucesso terá.[16]

Pessoas compram de pessoas. Se a empresa não investir na comunicação da sua cultura no atendimento aos clientes, facilmente eles irão "embora" com o vendedor que os atende, caso esse vá trabalhar na concorrência.

Lembro que, em determinado período da minha empresa, alguns vendedores foram para a concorrência. Quando isso aconteceu, percebi que o marketing do meu negócio não havia sido feito para a marca da empresa, mas, sim, para o vendedor que trabalhava nela. Com isso, alguns clientes acabavam mudando de fornecedor pelo fato de não identificarem a nossa diferenciação. Apenas após uns três ou seis meses comprando do concorrente, os clientes percebiam que os benefícios entregues quando estavam conosco eram por conta da nossa cultura, da marca empresarial, e não do vendedor que os atendia.

Para que isso não voltasse a acontecer, comecei a demonstrar nossa cultura como de fato algo nosso. O marketing começou a ser feito para a marca, para que o dono do negócio e a empresa fossem a referência, e não o vendedor.

Portanto, seus colaboradores precisam ser a extensão dessa diferenciação, em vez de serem o diferencial principal.

Medo × Comunicação

Em uma pesquisa realizada pelo jornal britânico *Sunday Times*, mais de 40% dos entrevistados apontaram falar em público como seu maior medo. Bem à frente dos 22% que citaram o medo de ter problemas financeiros e 19% o medo de doenças ou da morte.[17]

---

[16] POLITO, R. **Como falar corretamente e sem inibições**. São Paulo: Benvirá, 2016.
[17] FALAR em público: medo atinge mais pessoas do que se pensa. **Estadão**, 14 mar. 2017. Disponível em: https://www.estadao.com.br/foradeultimas/falar-em-publico-medo-atinge-mais-pessoas-do-que-se-pensa/. Acesso em: 18 jul. 2023.

> A comunicação é algo imprescindível para a felicidade do empreendedor. Você é o seu maior vendedor, seja dos seus negócios, seja da sua vida.

O código dos negócios extraordinários

O medo de falar em público está muito ligado ao receio de julgamento e ao que os outros vão pensar. Você deixa de ser feliz, pois está preocupado com o que as outras pessoas pensam. Como se amasse mais o outro do que a si próprio. É a chamada vulnerabilidade, você se permite ser atingido, sendo que tem o poder de se blindar. Não temos controle sobre o que as pessoas pensam, mas precisamos estar preparados e agir apesar e além dos nossos medos.

Nossos únicos obstáculos são nossos pensamentos. A função da mente é nos proteger. Não se importe com a aprovação dos outros, e sim com a própria aprovação. Essa é a parte da sua força que deve agir. O medo é gerado no pensamento e ter o controle dos pensamentos é fundamental para não permitir que o medo ganhe campo. Toda vez que você busca a aprovação de alguém, está deixando que os outros vivam sua vida.

Penso da seguinte maneira: o que as pessoas pensam sobre mim não é problema meu, e sim delas.

Certa vez, ao fazer uma apresentação, pensei que uma pessoa na plateia estava rindo de mim quando usei certa expressão. Eu me concentrei para não perder a sequência. Quando terminei, ela me procurou dizendo que, quando usei determinada expressão, se lembrou de algo que havia acontecido com ela e me contou a história. Ou seja, não tinha relação com o que eu havia pensado.

É necessário se sentir presente, integralmente de corpo e alma, com energia, entregar o melhor e ter o direito de errar, sabendo que não agradará a todos. O foco do pensamento no agora, como uma ginasta que se concentra na hora da apresentação, sem se preocupar com ruídos ou gritos no ginásio.

Dê o seu melhor, concentre-se e conecte-se com o conteúdo que será entregue. Lembre-se da sua causa, do porquê de entregá-la, pensando no benefício que seus ouvintes terão com o que tem para comunicar. Quando você se comunica pensando no que vai agregar ao próximo, o processo se torna mais fácil. Você vai perceber mais emoção e engajamento das pessoas que escutam. A comunicação passará a ser gostosa, e não um peso.

Primeiro pilar: sabedoria emocional

Cuidado com aquela voz interior, pois, por mais que você esteja preparado, ela sempre vai lhe dizer que ainda não está bom. Cabe a você apenas fazer e ir aprimorando!

Nesse contexto, existe uma expressão que diz: ==se não tivermos vergonha do que fizemos ontem, é porque fizemos tarde demais.== Se você não tiver vergonha da primeira versão de um texto, é provável que seja uma dose de perfeccionismo que o esteja travando.

Enumere alguns ganhos que você terá se superar o medo e se tornar um bom comunicador:

Enumere os ganhos que as pessoas terão se você comunicar para elas o melhor que tem dentro de você:

Reflita sobre as questões a seguir e responda com sinceridade para avaliar sua eficiência em se comunicar.

- Você recebe a quantidade de sim necessária para o alcance de seus resultados?
- Você vende suas ideias, produtos ou serviços com credibilidade gerando confiança no ouvinte?

- Você inspira pessoas à sua volta, seja seu colaborador, sejam seus filhos, sejam seus clientes?
- Você é compreendido integralmente?
- Você constrói relacionamentos para toda a vida?
- Você consegue falar de improviso quando necessário e se sente confortável?
- Você não se julga nos momentos de comunicação?
- Você entra em conexão com seu interlocutor?
- Você consegue liderar nos momentos de comunicação?

Como melhorar sua comunicação?

A mensagem e a capacidade de liderança serão avaliadas em todas as ações e a comunicação é a principal delas. A seguir, saiba o que é preciso para se comunicar bem.

Transmita credibilidade

Demóstenes era um logógrafo que escrevia discursos para a acusação e defesa ao mesmo tempo. Para falar em público, era gago, a voz fraca, tinha um vício de levantar o ombro e as pernas, e as pessoas riam muito dele. Para resolver isso, fez longas caminhadas para melhorar a respiração. Quando estava sem fôlego, falava mais alto que as ondas do mar para melhorar. Colocava umas pedrinhas na boca e começava a pronunciar todas as palavras corretamente. Para acabar com o vício de levantar o ombro, providenciou um espelho e uma espada com a ponta para baixo, de modo que, se levantasse o ombro, se machucava. Após o seu treinamento, quando falava, o povo marchava.[18]

---

[18] GARCIA, A. O bom orador já nasce feito? **Administradores.com**, 15 mar. 2008. Disponível em: https://administradores.com.br/artigos/o-bom-orador-ja-nasce-feito. Acesso em: 3 jun. 2023.

Primeiro pilar: sabedoria emocional

Quando fui líder em uma empresa e precisei fazer a primeira reunião para um grupo maior de liderados, que até então eu não conhecia pessoalmente, minhas pernas tremiam e os joelhos batiam um no outro. Para disfarçar a tremedeira da folha de papel que estava em minhas mãos com o conteúdo a ser passado, coloquei-a em cima da mesa e me segurei na mesa com as duas mãos. Não foi fácil, mas atingi o objetivo e tudo ficou bem.

É preciso vencer o medo e, a cada vez que colocarmos em prática a nossa fala, ela vai destravar e o gosto pela comunicação aumentar, principalmente quando estamos sendo úteis em prol de uma boa causa.

Sua comunicação precisa de naturalidade e espontaneidade
Segundo Reinaldo Polito, escritor especialista na "arte de falar em público" e colunista, a comunicação eficaz não é apenas transmitir informações, mas também fazê-lo de uma forma que pareça natural e espontânea.

Para obter naturalidade e espontaneidade na comunicação, é importante estar presente no momento e prestar atenção às pessoas com quem se fala. Em vez de nos concentrarmos no que vamos dizer a seguir ou em como queremos ser percebidos, podemos nos concentrar em ouvir ativamente e responder genuinamente.

Também é útil deixar de lado quaisquer noções ou expectativas preconcebidas e permitir que a conversa se desenrole naturalmente. Quando estamos abertos e receptivos a novas ideias e perspectivas, criamos um espaço para diálogo genuíno e compreensão mútua.

Transmita emoção e envolva as pessoas
Fale com energia, disposição e entusiasmo. Temos que nos envolver com o que estamos dizendo para que as pessoas também se envolvam, o que pode nos ajudar a construir conexões mais fortes e significativas com elas.

Seja coerente
Você já ouviu alguém confessar que é incoerente? Uma pessoa que fala em organização e tem a mesa e o dia a dia desorganizados. Alguém que diz ter senso de equipe e não é enturmado.

Se você é honesto, dinâmico, sociável, competente e cumpridor das suas obrigações, mas, se os outros não compartilharem dessa mesma opinião, está havendo uma incoerência no que você pensa ser ou expressa ser do que as pessoas enxergam.

Não permita que as pessoas percam o foco da sua mensagem
O pensamento é quatro vezes mais veloz que as palavras e, se as pessoas perderem o foco e a concentração, a comunicação não atingirá seu objetivo. O tempo de atenção de uma pessoa é de cinco minutos[19] e precisamos usar esses minutos para prendê-la. Em alguns casos, as pessoas querem que deixemos os meios para ir direto à conclusão, por isso, mensagens muito preparadas em detalhes podem embaraçar o comunicador. Treine adaptabilidade.

Desenvolva a habilidade de contar histórias
Ao contar uma história, sempre agregue valor, dando personalidade mais forte à marca da empresa, pessoa ou objetivo. Convide as pessoas a participar. Use conflitos e os arquétipos para vencer o medo na comunicação, engrandecendo a história e criando dramas e emoções baseadas na realidade. Defina como a história será abordada e os aspectos mais relevantes que farão parte da narrativa, que são: objetivos, trajeto, tempo e ritmo. Devemos definir qual a melhor maneira de contar a história com consistência e objetividade, evitando que a narrativa fique estendida, com palavras em demasia e sem senso de resumo do pensamento, se arrastando no tempo e cansando as pessoas.

---
[19] POLITO, R. *op. cit.* p. 89.

Primeiro pilar: sabedoria emocional

> "Uma boa história é atraente no início (cria expectativas) e recompensadora no final."
>
> **Reinaldo Polito**

Uma história é composta das partes, de capítulos. Aprendemos desde pequenos que ela precisa ter início, meio e fim. O início precisa ser bem construído, e as raízes precisam ser fortes e profundas para que o meio esteja bem fundamentado.

Aprendemos que, para um negócio dar certo, tudo depende do CPF dono do CNPJ, ou seja, das raízes estão na pessoa que abre o negócio. Se todos os donos se atentarem em conhecer um pouco da engenharia humana a partir de si mesmos, as empresas terão uma taxa pequena de mortalidade.

Todos precisam entender que o crescimento profissional está na mesma proporção do crescimento pessoal e nunca é tarde para esse aprimoramento. Se queremos mudar nosso negócio de patamar, comecemos pela raiz, que é a nossa pessoa. E a sua pessoa sempre deve ser maior que seus negócios. Seu CPF é maior que seus CNPJs.

E, com essas bases bem-feitas até aqui, fazendo a nossa própria gestão, estamos prontos para continuarmos o processo da Felicidade Empreendera e construirmos riquezas por meio de uma administração exemplar.

CAPÍTULO 5

SEGUNDO PILAR: CONSTRUÇÃO DE RIQUEZAS

O segundo pilar para a encontrar a Felicidade Empreendedora é a construção de riquezas. Você aprenderá a produzi-la com as próprias mãos, com um nível de consciência muito elevado. Tenho certeza de que o modo como você enxerga a construção de riquezas nunca mais será o mesmo.

Primeiro de tudo, vamos refletir um pouco sobre o que significa ser rico. O que você imagina quando pensa em riqueza financeira?

A seguir, liste os pontos positivos de ser uma pessoa rica.

O código dos negócios extraordinários

Se no seu conceito houver pontos negativos em ser uma pessoa rica, coisas que você poderia perder (como paz, privacidade, humildade), liste-os também.

```
_____
_____
_____
```

Se listou pontos negativos ou algo que perderia, repense as alternativas para isso. Uma maneira de se comportar sendo uma pessoa rica, tendo muitos ativos que geram dinheiro, sem que houvesse perdas. Como não perder a paz, a privacidade e a humildade, por exemplo, tendo riquezas?

```
_____
_____
_____
```

Importante: só ganha dinheiro quem não tem medo de perder, inclusive dinheiro.

Eu só tenho medo de perder a saúde, pois essa é uma coisa que nenhuma riqueza compra!

Quanto aos pontos positivos, reflita novamente e escreva o que você poderia fazer de melhor para si, para sua família, para as pessoas que você ama e para o mundo com muito dinheiro.

```
_____
_____
_____
```

Quem tem um propósito genuíno jamais usaria a riqueza para prejudicar alguém. Quem tem propósito se preocupa com sua história. Queira muita riqueza para que você possa dar uma vida abundante para si mesmo e então possa também fazer transbordar para mais pessoas que cruzam o seu caminho. Vamos ser construtores de riqueza e ter ainda mais força para impactar o mundo!

COMO CONSTRUIR RIQUEZA?

Por meio do lucro. Ter lucro é regra para qualquer empreendedor. Sem lucro, não há como fazer o bem para o próximo. Você, se não está tendo, com certeza já teve lucros em sua empresa. Mas será que fez deles investimentos inteligentes a ponto de criar tranquilidade financeira?

Empreendedores, na maioria das vezes, não fazem reserva financeira com os lucros e acabam alocando-os em passivos ou custos irrecuperáveis em vez de ativos. Quando vem uma crise, não estão preparados para enfrentá-la, porque não fizeram uma reserva financeira ou não tiveram coragem para tomar decisões difíceis.

Você gostaria de gerar mais lucro, independentemente se terá ou não crescimento da sua empresa? Ou talvez gerar mais lucro mesmo que diminua de tamanho? E o que fazer com os lucros para criar prosperidade? Bem, falta de lucros não acontecerá mais com você depois de conhecer este segundo pilar, que dividi em cinco partes para explicá-lo em detalhes. Aprendendo as melhores práticas em cada uma delas, você pode conquistar a tão sonhada riqueza financeira.

- Liderança vendedora.
- Cultura inovadora.
- Comercial e marketing.
- Gestão e processos.
- Finanças inteligentes.

O empreendedor constrói riqueza fazendo o ABCD da gestão que gosto de chamar de CPCF.

> **CPCF** = **C**ultura, **P**rocessos, **C**omercial e **F**inanças

Praticar esse ABCD é simples, mas muitas vezes o empreendedor não o faz por não ter a quem prestar contas; quando não sabe como fazer, não pede ajuda e, quando sabe, não tem comprometimento com o próprio dinheiro.

A maioria dos empreendedores rasga dinheiro, ainda que inconscientemente, e corre atrás do dinheiro apenas no pensamento, quando, na verdade, está empurrando o dinheiro para longe. Eu fiz isso por um bom tempo. Corria atrás do dinheiro e o dinheiro corria de mim, pois eu estava fazendo as coisas erradas. Trabalhar demais e crescer faturamento e tamanho não significa que vai construir riquezas.

Esse CPCF tem um pai que se chama L, de LIDERANÇA.

Tudo começa na liderança e trabalhamos muito o desenvolvimento pessoal do líder no pilar sabedoria emocional. Aprendemos a nos conhecer e desenvolver nossa relação com o mundo. Agora, falaremos de liderança no campo empresarial. Aqui você começa a construir sua riqueza e prosperidade.

LIDERANÇA VENDEDORA

Você conhece alguém que começou vendendo algo simples e se tornou um grande empresário? Conhece negócios que fecharam logo após a abertura porque não conseguiam vender? Conhece alguém cheio de boas ideias, mas com projetos que não decolaram porque não sabia como promovê-los?

Segundo pilar: construção de riquezas

Provavelmente você já ouviu histórias de pessoas como Silvio Santos, um simples vendedor cujo talento em vender o levou a ser um grande empresário. Da mesma maneira, já deve ter visto uma série de empreendedores fecharem os negócios e voltarem a ser CLT ou autônomos individuais, simplesmente porque não venderam. Eu já vi pessoas com produtos inovadores, que eu acreditava que teriam sucesso garantido, mas fracassaram.

Já presenciei pessoas, inclusive empreendedores, dizendo que não gostam de vender. Será que existe solução para quem não gosta de vender ou sente dificuldade de fazer isso?

Claro que sim! E vamos ver como a seguir.

Ouvi de um professor estadunidense que 95% da população dos Estados Unidos continua precisando trabalhar após a aposentadoria, não por prazer, mas por necessidade de sobrevivência.[20] Nós queremos o estilo de vida daqueles 5% que não precisam; porém, praticamos os comportamentos dos outros 95%. Para onde estamos indo?

Em entrevista, o diretor do curso de MBA da Faculdade Armando Álvares Penteado (FAAP), Tharcísio de Souza, afirmou, após analisar dados e cruzá-los com números do IBGE, que "só 1% dos brasileiros conseguem se financiar depois da aposentadoria".[21]

É isso que queremos para nosso futuro ou seremos ousados?

Existe, sim, solução para aqueles que querem ter o comportamento de liderança vendedora, que buscam seus objetivos com garra e se comprometem a ter o comportamento dos 5%.

De qual grupo você é? Dos 95% bem-informados sobre o filme, a novela, o futebol... ou dos 5% que sabem das últimas notícias

---

[20] NELSON, D. S. **Pegue fogo**: como incendiar sua própria economia. Fusion Creative Works, 2010.
[21] CASTRO, M.; FURBINO, Z. Estudos indicam que apenas 1% dos aposentados conseguem arcar com seus próprios custos. **Estado de Minas**, 5 maio 2013. Disponível em: https://www.em.com.br/app/noticia/economia/2013/05/05/internas_economia,382298/estudos-indicam-que-apenas-1-dos-aposentados-conseguem-arcar-com-seus-proprios-custos.shtml. Acesso em: 3 jun. 2023.

da economia, do curso de liderança que ocorreu no fim de semana, dos livros *Como fazer amigos e influenciar pessoas* e *Receita previsível*, das tendências para o próximo semestre...? Se você for participante com predominância do primeiro grupo, já deve ter perdido ou deixado de ganhar milhões.

Na vida, não precisamos ir todos para o mesmo lugar; é uma questão de escolha. Você está indo para onde realmente quer ir? O fracasso faz parte do sucesso, mas a mediocridade é sua inimiga.

EXERCÍCIO

> Você sabe que, mesmo em terríveis cenários econômicos e tendo as mesmas condições, uns triunfam e outros fracassam.
>
> De 1 a 10, qual nota você dá para sua equipe, em atitudes e comportamentos, para ter resultados fora da média? _____

O "eu" como o primeiro produto a ser vendido

Vendas é a maneira como você apresenta algo de modo que o seu verdadeiro valor seja reconhecido. Esse valor é como esse produto ajuda quem o adquire. Não posso vender algo que não acredito plenamente que ajudará outras pessoas.

Um grande líder é aquele que vende uma ideia, um contexto, uma cultura, a estratégia. Normalmente, ele é identificado pelo que é, e não pelo que fala. Sua fala precisa ser coerente com seu comportamento para que suas vendas sejam concretizadas para o meio em que convive. O reconhecimento e a autoridade de líder são conquistados, pois são as pessoas que enxergam essa capacidade.

Segundo pilar: construção de riquezas

Vender suas ideias para sua equipe é uma habilidade importante para qualquer líder. Aqui estão alguns passos para ajudá-lo a fazer isso de um jeito eficaz:

1. **Entenda seu público**: antes de apresentar suas ideias, é importante entender a perspectiva dos membros de sua equipe. O que os motiva? Quais são seus objetivos? Quais são suas preocupações? Entender esses fatores ajudará você a adaptar sua mensagem às necessidades deles. Você precisa convencer as pessoas a querer fazer.
2. **Identifique os benefícios**: articule claramente os benefícios de suas ideias para sua equipe. Como isso os ajudará a alcançar seus objetivos? Como isso vai ajudar a empresa? Certifique-se de que os benefícios sejam específicos e relevantes para sua equipe. Explique-lhes que eles serão beneficiados na proporção do sucesso da empresa.
3. **Aborde as preocupações**: antecipe quaisquer preocupações que sua equipe possa ter e trate-as de maneira proativa. Isso mostra que você pensou nas implicações de suas ideias e que está empenhado em encontrar soluções.
4. **Forneça evidências**: já vi muitos liderados não acreditarem nos líderes por esses não serem convincentes com o que estão propondo. Use dados e exemplos para apoiar suas ideias. Isso pode ajudar sua equipe a entender a lógica por trás de suas propostas e aumentar a confiança em suas ideias.
5. **Solicite feedback**: incentive sua equipe a fazer perguntas e fornecer feedback. Isso pode ajudá-lo a identificar as áreas que precisam de mais esclarecimentos ou ajustes.
6. **Acompanhe**: depois de apresentar suas ideias, faça o acompanhamento de sua equipe para garantir que eles entendam o que se espera deles. Isso pode ajudar a minimizar a confusão e garantir que todos estejam na mesma página.

Seguindo essas etapas, você pode vender suas ideias de maneira eficaz para sua equipe e obter o apoio dela. Lembre-se: a comunicação eficaz é a chave para uma liderança bem-sucedida.

Não se esqueça de dar e ouvir o feedback de sua equipe e estar disposto a fazer ajustes, se necessário. Com a prática, você pode se tornar um líder habilidoso que pode vender ideias para sua equipe com confiança e sucesso.

Contrate com cautela e seja ágil nas demissões. Não hesite em ter na equipe pessoas extraordinárias que vão potencializar o trabalho. Sinta-se merecedor de conquistar sua autoridade, pois ela nunca é imposta.[22]

Se uma pessoa não cumpre as regras, tire-a da equipe, pois mais à frente terá grandes problemas, além de ela não cumprir outros requisitos importantes para a empresa. Seja exemplo para sua equipe, conquistando sua autoridade com atitudes coerentes, executando atividades que estejam dentro de um conjunto de prioridades lógicas.

Evite perdas de tempo e o estresse diário, foque ações sempre direcionadas para resultados, que fazem um ambiente feliz. Não seja um viajante sonhador de ideias todos os dias, pois ter ideias não é tão difícil quanto ganhar dinheiro com elas. Uma liderança vendedora tem prazer em resolver problemas e satisfazer os desejos dos outros. Seu comportamento é forte como o de um leão, não reclama, mas busca alternativas e resolve problemas.

Alexandre, o Grande, dizia: "Não temo um exército de leões liderados por uma ovelha, mas temo um exército de ovelhas liderado por um leão". Saiba que, se você for como uma ovelha em vez de um leão, sua liderança não será reconhecida pelo mercado e você poderá ser devorado pela concorrência. Mas ser um leão apenas não basta, tenha também as qualidades de uma águia.

---

[22] HUNTER, J. C. **O monge e o executivo**: uma história sobre a essência da liderança. Rio de Janeiro: Sextante, 2004.

Segundo pilar: construção de riquezas

Certa vez, eu estava com a tarefa de criar uma figura pessoal por meio de um animal que me representasse. O primeiro que me veio à mente foi justamente o leão. Eu me senti forte como se estivesse em mim o espírito de um leão, mas, apesar da coragem, força, disciplina e liderança, confesso que me senti limitado me imaginando de tal forma, pois não me via apenas dentro de uma selva, com meu campo de visão restringido por tantos obstáculos.

Eu não queria abrir mão desse espírito do leão que estava dentro de mim e pensei em outra opção para agregar. Foi aí que surgiu a figura da águia. Para mim, foi muito confortável e comecei a me imaginar como um leão com as asas e a visão de uma águia. ==O líder vendedor precisa ter a coragem, força, disciplina e liderança do leão e a visão e o foco da águia.== Ele precisa enxergar o mercado e as oportunidades, sentir e perceber onde estão os problemas, as dores, as necessidades e os desejos ainda não percebidos pelos possíveis clientes. A partir disso, ele vai dimensionar o tamanho da sua equipe e recursos para a missão e o propósito. Vai definir como alcançar suas estratégias, qual o jeito de ser ou de fazer todos os dias para alcançar seus objetivos. Se os recursos são escassos, o líder vendedor usa a criatividade e a engenhosidade para fazer acontecer. É por meio da liderança vendedora do líder que a empresa terá um comercial forte, capaz de alimentar com sustentabilidade e crescimento o fluxo de caixa.

==O líder deve ser formador de equipes e de outros líderes e não deve ter medo de perder o cargo.== Um dos grandes desafios dos empresários é abrir outras unidades por falta de pessoas, de lideranças. Quanto mais líderes são preparados, mais a empresa pode crescer, abrindo outras unidades ou proporcionando ao empresário, dependendo do seu perfil, abrir negócios em outros segmentos.

Eu, mesmo sendo centralizador até 2018, pude me desenvolver e abrir negócios em segmentos diferentes. Ainda bem que tenho atraído lideranças a fazer parte de meus times e isso é gratificante, pois sozinho eu seria limitado. Não economizo na formação profissional e pessoal das pessoas que trabalham comigo. Posso cometer o erro de treinar e depois perdê-las, mas não o de reter pessoas que não crescem e não estão aptas a receber responsabilidades.

Na delegação de lideranças, que todos sejam resolvedores de problemas. O sucesso de um líder está na capacidade que ele tem de lidar com as adversidades e superá-las. Quem se esconde na hora de um problema está sujeito ao fracasso.

Não se esqueça de que, na resolução de problemas, cada líder resolve dentro de seu campo de atuação. Uma equipe bem-preparada não leva para seu líder um problema que cabe a ela resolver. ==O líder resolve problemas dentro do seu escopo de atribuições; o que cabe aos seus liderados, que estes o resolvam.==

Um dos meus grandes desafios foi aprender a delegar. Antes, eu até me arriscava em delegar algumas funções, mas, se a pessoa não fazia do meu jeito, eu pegava de volta para mim.

Com os treinamentos que fiz de desenvolvimento pessoal, passei a delegar até demais, ao ponto de uma colaboradora, então líder do comercial, se emocionar. Recebendo algumas instruções de minha parte de como ela deveria se comportar sem a minha presença na empresa, chorando, ela estava tão admirada com a minha transformação que me disse que aquilo não parecia a realidade, um contraste total com o líder que ela tinha antes. Ela me perguntou como era possível tão grande milagre. Aprendi, na arte de delegar, que a gente entrega a empresa para pessoas em quem confiamos e precisamos ser como uma águia na conduta com seus filhotes. Nem todos conseguirão voar sozinhos e a gente precisa estar atento. Se necessário, voltar para instruí-los novamente para que consigam voar com mais confiança. Infelizmente, nem todos agarram a oportunidade e precisamos continuar a jornada contando com outras mãos.

Faça o exercício a seguir e reflita sobre o quanto de tempo você tem utilizado resolvendo problemas do seu time. Isso vai dizer

Segundo pilar: construção de riquezas

quão eficiente você tem sido nas contratações e no treinamento dessas pessoas.

EXERCÍCIO

> Quanto tempo você gastou nos últimos trinta dias resolvendo problemas que seriam atribuições de outras pessoas? _____
>
> De 1 a 10, qual nota de acerto nas contratações do seu time de acordo com o tempo que você gasta para resolver os problemas dele? _____

CULTURA INOVADORA[23]

O empreendedor cria negócios para solucionar os problemas que existem na sociedade. Sabendo qual persona e quais dores serão atendidas, por meio de equipes, ele vai aliviar as dificuldades do mercado ou levar essa persona ao prazer, indo muito além das necessidades. Essa equipe precisa de uma cultura forte para cumprir com maestria esse propósito. É na cultura que se define o jeito que essa empresa e as pessoas dessas equipes vão executar.[24]

O sucesso da sua empresa depende dos princípios e valores da sua equipe. O tamanho do seu sucesso depende do seu jeito de ser, e o seu jeito de ser define como a sua equipe será.

---

[23] SINEK, S. **O jogo infinito**. Rio de Janeiro: Sextante, 2020.
[24] HOROWITZ, B. **Você é o que você faz**: como criar a cultura da sua empresa. São Paulo: WMF Martins Fontes, 2021.

> **EXERCÍCIO**
>
> Como seus colaboradores e clientes, numa descrição próxima de vinte palavras, definiriam sua empresa?
>
> > Uma sugestão é você fazer esse exercício na prática com eles, de maneira que respondam anonimamente. Assim você terá uma opinião mais assertiva por parte deles e vai enxergar melhor como sua empresa está sendo vista de fato. Com essas informações, você poderá tomar as medidas necessárias para que as pessoas possam mudar a visão quanto à sua marca. Se sua empresa encerrasse as atividades hoje, o que eles escreveram seria a lembrança que as pessoas teriam dela. Você está confortável com o que foi escrito sobre ela? O que você pode fazer para melhorar isso nos próximos meses e anos?

Como falamos no pilar sabedoria emocional, uma empresa é originada da cultura dos donos. Se todos os empreendedores estudassem este livro antes de abrir os seus negócios, com certeza o percentual de fechamento de empresas seria menor. É preciso identificar e entender o que o fundador tem de hábito cultural que vai minar o negócio e, claro, potencializar os bons hábitos culturais dentro dessa empresa.

Se o dono cresceu em um ambiente em que era normal não cumprir compromissos, sejam eles pequenos, sejam grandes, na cultura da empresa ele pode achar normal também. Se o dono era indisciplinado como funcionário em uma empresa, será disciplinado no próprio negócio? Provável que não.

Segundo pilar: construção de riquezas

Se a empresa tiver mais de um dono, qual deles vai influenciar mais a cultura dela?

O primeiro recrutamento é o dos sócios. Se na seleção do colaborador, dependendo do cargo, são cem entrevistas para escolher apenas um candidato, por que não ter tanto critério na escolha dos sócios?

==Um dos grandes problemas de uma empresa é um fundador se aliar a sócios que têm valores importantes diferentes dos dele. A empresa vira uma confusão de cultura ou de falta de cultura e os colaboradores ficam perdidos.== Se um negócio foi montado nessas condições, o diálogo entre os sócios e o desenvolvimento pessoal de cada um poderá ser o caminho. É preciso que eles passem por um processo de autoconhecimento para identificar quais comportamentos de origem estão afetando o negócio e se ajustarem. O jeito de ser dos donos na empresa precisa ser modelo e exemplo, de modo que seja seguido pelos colaboradores.

Primeiro, define-se a cultura que os donos querem que a empresa tenha e a partir dela as contratações precisam ser feitas com o devido alinhamento. Cada colaborador, por mais que tenha comportamentos e valores compatíveis aos da empresa, terá algo a ser adaptado à cultura da empresa. O desalinhamento da cultura entre colaborador e empresa é a causa número um das demissões por parte das empresas e dos pedidos de demissão por parte dos colaboradores. É preciso haver clareza na comunicação antes de assumirem as funções, podendo até ser uma opção um contrato de aceite dessa cultura por parte do colaborador.

O mais importante vem a seguir: esse profissional precisa encontrar, após assumir suas funções, uma coerência entre o que ele vê os colegas fazendo e o que foi comunicado que seria feito no período de sua integração na empresa. Não adianta falar ou escrever no papel e na prática não ser condizente. Isso gera ainda mais falta de credibilidade. O que os funcionários fazem principalmente na ausência dos donos? Essa é a cultura da empresa. Lembre-se de que é a cultura da sua empresa que define o que as pessoas pensam quando olham para o logotipo dela.

QUANDO OS DONOS TÊM CULTURA FRACA

Analisando o grande volume de empresas que morrem nos primeiros três anos de existência, podemos perceber quão fracas são suas culturas, e poucos donos conseguem enxergar ou admitir isso. A solução pode ser a autotransformação dos sócios em um treinamento de impacto emocional e comportamental ou por meio da contratação de gestores e equipes maduras para adequar a estrutura da empresa a elas. Isso é difícil, porque depende do querer, mas muito possível de se fazer. Na segunda opção, os donos não devem se intrometer na gestão, ficando apenas no papel de investidores. A escrita da cultura e dos processos precisa ser ainda mais forte para que não se perca no tempo. Se os sócios são um casal, é imprescindível.

O GRANDE DESAFIO

O grande desafio, para mim, quanto à cultura, foi quando minha empresa mudou de fase, no sentido de tamanho, desenvolvimento em relação à sua origem. Enquanto eu estava lá todos os dias, podendo executar e acompanhar de ponta a ponta, a cultura era fortíssima. Quando a empresa transita entre as fases 2 e 3 (veremos com mais detalhes as três fases de uma empresa), ela precisa se tornar independente dos fundadores, os donos precisam contratar gestores 100% comprometidos com a cultura. Nessa fase da empresa, geralmente se monta um processo de controle e auditorias simples que vão conferir se a cultura está viva. O RH, nessa fase, é o grande ponto de atenção de investimento.

CASAIS TRABALHANDO JUNTOS? SEPAREM LOGO!

Separe as funções e os papéis. Escreva os processos, e que esses processos sejam maiores que o próprio casal no negócio. Ambos devem fazer um processo de autoconhecimento para entender os pontos fortes e os de melhoria um do outro. Isso facilitará a separação das atribuições de acordo com as melhores competências e habilidades de cada um. Esse trabalho pode contar com a contribuição de um consultor especialista para ajudar o casal. O consultor deve, no mínimo, ser especialista em DISC e processos.

Quanto a não levar problema da empresa para casa, é mais fantasia do que realidade. Em dezembro de 2019, em um encontro de *mastermind*, uma consultora de empresas disse sobre ajudar casais a não levar problemas da empresa para casa. Eu lhe perguntei se realmente era possível e então fiz uma pergunta para os colegas presentes, vários casais que trabalhavam juntos, se algum deles passou a ser mais apaixonado um pelo outro ou, quem sabe, a ter mais apetite sexual um pelo outro. O silêncio tomou conta do ambiente!

Pelo contrário, os problemas inevitavelmente são levados para casa, afetando a vida íntima do casal, que, se não estiver bem estruturado, pode ter a relação deteriorada. Normalmente, os cargos financeiros são ocupados por um dos cônjuges por critérios de confiança, e não por habilidades. Não há problema nisso, desde que as pessoas tenham as competências técnicas para a função.

Segundo dados do Sebrae, 74% das empresas que quebraram em 2016 não faziam gestão financeira.[25] Eu me arrisco a dizer que quem ocupa esses cargos, independentemente de se são cônjuges,

---

[25] COMO otimizar o setor financeiro da sua loja de forma prática. **Celero**, 28 abr. 2021. Disponível em: https://celero.com.br/blog/setor-financeiro-ideal/. Acesso em: 3 jun. 2023.

filhos, parentes ou amigos, eram pessoas de confiança, mas sem a técnica ou a disciplina necessárias para um cargo tão importante. Por ser empresa familiar, o trabalho é feito com muita dedicação, mas sem organização, por não existir prestação de contas detalhadas e da forma correta. Na maioria dos casos, as contas da empresa se misturam com as contas pessoais. Lembre-se sempre de que confiança é importante, mas muito acima da confiança está o controle. Se a empresa estiver redondinha, menos problemas serão levados para casa. O problema é que dificilmente uma empresa familiar, sem boas práticas de gestão, processos e governança, não terá muitos problemas. Mesmo que sejam originários do comercial ou outro setor, caem exatamente no financeiro. Então você já sabe a receita: para não levar problemas da empresa para casa, elimine-os na empresa.

Uma cultura com criatividade, engenhosidade e inovação

Os donos precisam ser criativos e inovadores. Isso até parece algo de outro mundo, mas inovar é fazer as coisas o mais simples possível, de maneira clara e entendível, visando sempre a melhores resultados. Uma equipe inovadora sabe sempre o que é melhor para os processos. Sabe questionar o que já existe e precisa de um novo toque, de uma nova cor, de um novo barulho.

No passado, quando eu pensava na palavra inovação, a primeira coisa que vinha na minha cabeça era uma máquina nova, talvez bem tecnológica, com recursos modernos de automação e que custava muito dinheiro. Embora sempre tenha investido em máquinas, sempre fugi das perguntas sobre inovação, complicando algo que era tão simples. Parecia que inovar estava além do que eu já fazia. Claro que podemos inovar comprando as melhores tecnologias do mercado, desde o melhor mouse, o computador, a máquina para a produção, o carro, a casa e tantas outras coisas, mas também

Segundo pilar: construção de riquezas

é possível fazer o inverso, de cima para baixo, descomplicando e fazendo o Fusquinha ser o melhor carro do mundo.

> "Empresas não fracassam somente por fazerem a coisa errada, mas também por fazerem a coisa certa por muito tempo."
>
> **Walter Longo**

Tenha um processo claro de demissão

A começar com os sócios, é necessário ter regras bem definidas para um desligamento.

> "Antes de fechar o contrato, combine a saída, mesmo sempre acreditando que tudo dará certo."
>
> **Lito Rodriguez**

Sempre reconheça os colaboradores que são 10% fora da curva e os 20% que se superam. Cuide bem dos outros 60% e esteja sempre pronto para fazer as demissões dos 10% que não estão comprometidos. Esses podem ser os inimigos da cultura e, se não forem desligados, fazer esse número subir para bem acima dos 10%. A cada seis meses ou um ano, é normal que haja 10% de pessoas que querem respirar novos ares e não vão se dedicar 100%, principalmente nos cargos mais baixos ou de maior rotatividade, de acordo com seu modelo de negócio.

Aproveite e revigore as equipes, suba o nível, tenha pessoas diferentes na equipe de acordo com as necessidades de cada função. Foque comportamentos compatíveis com o objetivo que se quer alcançar e tome cuidado para não cair na tentação de contratar pessoas parecidas com **você**. Sempre use o DISC ou outra ferramenta com a mesma finalidade e contrate os perfis adequados para cada necessidade. Lembre-se: quem é do comercial tem perfil comportamental completamente diferente de quem trabalha no setor de tecnologia, por exemplo. Esteja em paz para fazer contratações assertivas, de pessoas certas para cada função.

Desenvolva mecanismos de controle para que você possa, muito além da confiança, ter sua empresa na palma da mão. A empresa precisa ser melhor na sua ausência, tenha pessoas melhores que você e desenvolva a cultura da autorresponsabilidade da sua equipe. Empresas no estado da prosperidade são autônomas, sem dependência dos donos para geração de resultados. Os donos são livres para tirar férias, empreender novos negócios e ter a empresa como geradora de renda passiva. Invista na construção de equipes autônomas, logo, na sua tranquilidade.

O que mais vemos são empreendedores abrindo um CNPJ e com o tempo se enroscando nele. Os problemas viram uma bola de neve e o empreendedor não consegue se livrar de um negócio sem lucratividade e cheio de dívidas. Construa negócios bem estruturados, pensando em *equity* e *valuation*. Se sua empresa valorizar a cada ano, no momento que você quiser vendê-la, terá candidatos interessados em comprá-la.

Cultura e propósito empresarial

É preciso de líderes e colaboradores defendendo a mesma causa e alinhados no mesmo objetivo. Qual causa seus colaboradores têm certeza de que a empresa defende? Quanto você investe no seu RH? Você investe no seu processo de seleção?

Segundo pilar: construção de riquezas

Saiba que o segredo de uma grande equipe está no seu RH. Quem o seu RH coloca para dentro e como é a integração desse novo colaborador? Com acompanhamento e feedback, desde o processo de experiência e durante toda a jornada que o funcionário percorrer na empresa, você vai melhorar a performance da sua equipe.

Um dos grandes desafios que tenho enfrentado é ter pessoas que sabem entender as regras culturais do negócio. O quanto e em quem você investe para fazer a seleção de candidatos e fazer o processo de acompanhamento pós-contratação dirá qual é a cultura empresarial e o sucesso ou não do seu negócio.

> "A cultura come a estratégia no café da manhã."
>
> **Peter Druker**

FEEDBACK

Se o candidato foi bem integrado e participou dos treinamentos, atitudes que sejam desalinhadas com o combinado, na minha visão, não necessitam de feedback. Período de experiência é para ver se o namoro será concretizado, e deslizes são um sinal de desalinhamento futuro. Quase sempre que me arrisquei em dar chances, deu errado e, em algumas delas, me custou caro. Se for alguém com quem você precisa contar na equipe, vale a pena insistir.

Sobre os colaboradores já efetivados após o período de experiência, quanto mais contamos com uma pessoa, mais queremos que ela melhore. Em muitas situações, o feedback precisa ser individual, principalmente se deixa a pessoa constrangida perante os colegas.

Em falhas normais de um processo, vale a pena dar feedback coletivo para que todos aprendam e proponham soluções juntos. Assim o gestor também economiza tempo e acelera mais rápido.

O colaborador, durante a sua linha do tempo, precisa estar ciente se a expectativa da empresa está sendo atendida, e um feedback é essencial para essa clareza. A análise de desempenho na linha do tempo do colaborador na empresa é um dos principais indicadores que vão nortear o feedback. Defendo que, muito além da análise de desempenho, haja um banco de dados com o histórico de cada colaborador, desde a entrevista de emprego.

Exceto em casos excepcionais, um colaborador, ao ser comunicado de seu desligamento, já deve ter uma noção de que isso estava para acontecer, exatamente pelo que já foi conversado em feedback anterior.

Construa equipes autônomas

Jesus Cristo escolheu doze para a equipe e há ainda quem queira ir sozinho. O segredo da Felicidade Empreendedora é ter equipes engajadas, que gerem prosperidade e renda passiva. Todos ganham onde há confiança e gestão. Enquanto o empreendedor vive com tranquilidade, os colaboradores se sentem mais pertencentes e com boas perspectivas de oportunidades de crescimento dentro do negócio e da carreira. O grande desafio de um líder é fazer com que as pessoas queiram produzir e ter equipes engajadas. Estudos mostram que mais de 80% das equipes não são engajadas e, quando são, os lucros são aumentados proporcionalmente.[26] Uma cultura forte depende de um propósito forte, bem comunicado e vendido

---

[26] DESÂNIMO geral: nível de engajamento cai pelo mundo e líderes são culpados. **Você RH**, 29 jul. 2021. Disponível em: https://vocerh.abril.com.br/mercado-vagas/desanimo-geral-nivel-de-engajamento-cai-pelo-mundo-e-lideres-sao-culpados/. Acesso em: 3 jun. 2023.

Segundo pilar: construção de riquezas

para a equipe. Quando se tem uma causa em comum, todos trabalham com boa energia e existe um ingrediente presente que é a causa da produtividade: a felicidade!

Equipes multifuncionais ou de especialistas?

Depende do modelo de negócio. Em alguns modelos ou cargos, pode ser necessário um especialista. Nos meus negócios, não gosto muito de especialistas engessados, que só querem saber do quadrado deles. Prefiro pessoas multifuncionais e integráveis. Não só pessoas integráveis como setores. Exceto em algumas vendas complexas, que costumo cascatear.

Se antes na minha empresa eu tinha auxiliares de RH e DP, auxiliar de financeiro, auxiliar contábil, auxiliar de PCP e outros, alterei esses cargos todos por auxiliar administrativo e separei apenas por níveis. Da mesma forma existiam os líderes de expedição, líderes de produção e outros; alterei para líderes gerais e separei por níveis de hierarquia. Existiam operadores de máquinas que operavam exclusivamente uma máquina e priorizei treinamentos para que dominassem as operações de todas. No meu comercial, que era separado entre técnicos e vendedores, ficamos com as pessoas que pudessem vender e também conhecer bem o produto; além de ajudar na eficiência e velocidade do processo, os erros foram reduzidos.

Claro que numa clínica que cuida do coração, por exemplo, o foco é nos médicos especialistas da área de cardiologia. Você não vai no clínico geral para fazer uma cirurgia do coração, não é mesmo? Mas a parte administrativa dessa clínica pode ser composta de profissionais multifuncionais.

Isso quer dizer que cada empresa tem suas particularidades e deve ser analisado caso a caso. Já vi até agência de marketing funcionando muito bem com profissionais generalistas. Já conheço outras que preferem cada um na sua área específica. Nesse último caso, é preciso cuidado para que o fluxo de informações de uma área para a outra, na passagem de bastão, não fique muito lento.

Em 2018, consegui reduzir um grupo de colaboradores pela metade e produzir mais, com muito mais tranquilidade. Antes, quanto mais contratava, mais precisava de gente. Depois, quanto mais dispensava, mais sobrava. À medida que fui cortando e integrando setores e pessoas mais multifuncionais, a comunicação e os processos ficaram mais ágeis.

O porquê do milagre foi uma viagem que fiz aos Estados Unidos para uma formação de liderança e gestão empresarial na Universidade de Ohio.

Na ida, durante o voo, eu li o livro *Scrum*.[27] Na universidade, durante uma semana, parecia que eles estavam ministrando o livro. Não tive dúvidas e voltei para a empresa com as ações traçadas e as executei com firmeza. Foi um grande sucesso na empresa e de grande aprendizado para mim.

Com esses dados em mãos, analise agora a sua situação. Como dito, alguns modelos de negócios mais técnicos e complexos precisam mais de especialistas, enquanto outros podem ter mais multifuncionais. No seu modelo de negócio, quantos profissionais multifuncionais e quantos especialistas são necessários, incluindo de lideranças?

---

[27] SUTHERLAND, J.; SUTHERLAND, J. J. **Scrum**: a arte de fazer o dobro do trabalho na metade do tempo. Rio de Janeiro: Sextante, 2019.

Tanto a contratação de especialistas como a de generalistas exigem dedicação e tempo. Estamos em épocas que a concorrência por talentos é maior que pelos clientes, ou seja, está mais difícil contratar que vender. Ter essa consciência já é um bom caminho.

Seu RH precisa no mínimo entender do DISC, que é muito útil tanto na busca de especialistas quanto de pessoas multifuncionais.

Lembre-se sempre de fazer uma seleção prévia, exigir da área que está solicitando a vaga a descrição do cargo, o preenchimento correto, nos detalhes, das atividades que a pessoa exercerá.

GESTÃO E PROCESSOS

Uma pesquisa realizada pela consultoria Falconi revelou a fragilidade na gestão das médias empresas no Brasil, que são aquelas que faturam anualmente entre 4,8 milhões e 300 milhões de reais. "Apesar da importância, apenas 5% das médias empresas revelaram ter um modelo de gestão estruturado."[28] Imagine se esse levantamento fosse feito nas micro e pequenas empresas!

Eu digo que podemos fazer empreender se tornar muito fácil e, para isso, não é necessário fazer coisas mirabolantes, encher a empresa de ferramentas de gestão. Basta fazer o básico bem-feito. Não adianta eu falar para um empreendedor implantar o melhor planejamento estratégico, se ele tem poucos recursos e não conta com pessoal capacitado para usar as ferramentas. Importante é fazer o simples que dê para fazer, mas que faça.

Falando de gestão, eu não poderia deixar de trazer o tema planejamento estratégico, assim você poderá ver como se aplica ao seu negócio e quais são as ferramentas necessárias. Mais à frente,

---

[28] SANTANA, P. Apenas 10% das médias empresas no Brasil têm planejamento de longo prazo, revela pesquisa. **InfoMoney**, 5 set. 2020. Disponível em: https://www.infomoney.com.br/negocios/apenas-10-das-medias-empresas-no-brasil-tem-planejamento-de-longo-prazo-revela-pesquisa/. Acesso em: 3 jun. 2023.

quando falo de Finanças Inteligentes, menciono um componente importantíssimo do plano estratégico, que é o orçamento financeiro, e você não pode deixar de tê-lo mesmo que numa versão muito simples no seu negócio.

Caso você queira fazer um planejamento estretégico na sua empresa, segue um passo a passo.

Introdução
Forneça uma breve visão geral do que o plano estratégico cobrirá e sua importância.

Visão
Defina o que você deseja que sua organização alcance a médio e longo prazo (idealmente três a cinco anos). Nos tempos atuais, três anos já considero longo prazo. Seus objetivos de um ano deve ser sua visão desdobrada.[29]

Por meio de seus valores você executa a sua missão para alcançar a visão.

Declaração de missão e propósito
Defina missão e propósito, os valores e as metas da sua organização. Explique como sua organização fará a diferença em seu setor ou comunidade. Logo à frente falo da diferença entre missão e propósito.

Como ferramentas, você pode usar uma ou duas mais simples, embora existam várias.

Análise SWOT
Identifique os pontos fortes, fracos, oportunidades e ameaças da sua organização.

Seja honesto e objetivo e envolva as principais partes interessadas no processo de análise.

---

[29] **Visão desdobrada** é o objetivo ou meta de um ano subdividida. É inovador pensar dessa maneira. Se ela for de três anos, ou de um ano, desdobra-se em dias, semanas, meses. Ou seja, se não desdobrar e fazer acontecer no caminho, no micro, vai viver só no sonho (na visão a médio e longo prazo) e não atingirá o objetivo final.

Segundo pilar: construção de riquezas

Use as descobertas para desenvolver estratégias que capitalizem os pontos fortes, mitiguem os pontos fracos, aproveitem as oportunidades e gerenciem as ameaças.

Sim, o canvas também é uma ferramenta de planejamento estratégico. É comumente referido como Business Model Canvas, criado por Alex Osterwalder, e é uma ferramenta de gerenciamento estratégico, que permite desenvolver e esboçar modelos de negócio novos ou existentes em uma única página.

Objetivos

Defina objetivos específicos, mensuráveis, alcançáveis, relevantes e com prazo (SMART) que se alinhem com sua declaração de missão e propósito. Eles precisam ser desdobrados por datas (mês) e por partes setoriais. Uma meta SMART[30] é aquela que é definida com base em uma série de critérios, a saber: ela deve ser específica, mensurável, atribuível, realista e temporal. A estratégia foi pensada para auxiliar as empresas e corporações a determinarem seus objetivos e os meios de alcançá-los de maneira inteligente.

Estratégias

Desenvolva estratégias que ajudarão sua empresa a atingir seus objetivos.

Priorize essas estratégias com base em seu potencial impacto e viabilidade.

Certifique-se de que as estratégias estejam alinhadas com a missão, o propósito e os valores de sua organização.

Plano de ação

Crie um plano detalhado que descreva as etapas necessárias para implementar cada estratégia.

---

[30] O QUE é meta SMART e como definir em sua empresa. **Sebrae**, 16 jan. 2023. Disponível em: https://sebrae.com.br/sites/PortalSebrae/artigos/o-que-e-meta-smart-e-como-definir-em-sua-empresa,fd5cd6387eab5810VgnVCM1000001b00320aRCRD. Acesso em: 26 jul. 2023.

Atribua responsabilidades e prazos para cada item de ação.

Acompanhe o progresso regularmente e ajuste o plano conforme necessário.

Monitoramento e avaliação

Estabeleça um sistema para monitorar o progresso e avaliar o sucesso. Use os principais indicadores de desempenho (KPIs)[31] para medir o progresso em direção aos objetivos. Key Performance Indicator ou, em tradução livre, Indicador-Chave de Performance é um valor mensurável que se relaciona com metas, objetivos e estratégias específicas que ajudam a impulsionar o sucesso do desempenho.

Revise e atualize regularmente o plano estratégico para garantir que ele permaneça relevante e eficaz. Um plano anual, por exemplo, nos tempos atuais de constantes mudanças, deve ser revisado todos os meses e, se necessário, devem ser feitas correções de rota.

Esse modelo de planejamento estratégico é apenas um ponto de partida. Você pode personalizá-lo com base nas necessidades e nos objetivos específicos da sua organização. A chave é envolver as principais partes interessadas no processo, comunicar o plano com clareza e manter o foco em alcançar seus objetivos. Boa sorte com seu planejamento estratégico!

Diferença entre missão e propósito

Muitos misturam tudo em uma coisa só e muitas empresas fazem a frase da missão tão romantizada e profunda que ela se torna propósito. E não vejo problema nisso.

Missão é o que fazemos, mão na massa. Qual pode ser a missão de uma empresa que fabrica embalagens, tecnicamente falando, de maneira mais usual? "Fabricar embalagens personalizadas com

---

[31] O QUE é KPI: tipos, principais e como criar na empresa. **TOTVS**, 5 dez. 2022. Disponível em: https://www.totvs.com/blog/negocios/o-que-e-kpi/. Acesso em: 26 jul. 2023.

Segundo pilar: construção de riquezas

qualidade e maestria." Aqui vejo apenas a missão, o que a empresa faz, e fazer com maestria é uma obrigação. Se eu quiser começar a romantizar, posso dizer: "Fabricar embalagens personalizadas com maestria para satisfazer nossos clientes". Embora mais romantizada, continua missão, tendo em vista que satisfazer os clientes é muito óbvio e uma obrigação.

E se eu coloco "Fabricar embalagens com maestria para ajudar no sucesso dos nossos clientes e contribuir para um mundo melhor", aqui já tem propósito, porque estou indo muito além das minhas obrigações, estou colocando um porquê muito maior. Existe uma preocupação com o êxito do produto do cliente que será embalado, com o sucesso nas cadeias envolvidas, tendo colaboradores, famílias e todas as demais partes envolvidas beneficiadas.

Maria e Joana trabalham em um grande hospital, no qual noites de trabalho são intensas. Quando está no plantão, Maria conversa com os pacientes apenas o necessário e é superpontual com a aplicação dos medicamentos e demais obrigações que competem a ela. Faz dez anos que ela cumpre pontualmente sua missão naquele hospital, às vezes nas noites de difíceis rotinas, e nenhum paciente reclama dela.

Joana, em seus plantões, cumpre rigorosamente sua rotina de trabalho que lhe compete e, além disso, consegue alinhar junto aos seus manuseios um sorriso carinhoso no rosto para cada paciente. Joana olha para cada paciente como se fosse seu pai, sua mãe ou seu filho. É que Joana teve um problema grave de saúde ainda em sua adolescência e precisava de um tratamento caro. Seus pais, analfabetos e sem condições financeiras, não tinham o que fazer senão pedir ajuda para as pessoas e muitos os ignoravam. Certo dia, com muitas dores, Joana estava desacreditada em si mesma e nas pessoas. De repente, uma desconhecida chegou perto de sua cama e deu um sorriso misturado com compaixão. Aquela desconhecida disse estar ali por um propósito de sua infância: seus pais lhe deixaram um grande legado e ela não o deixaria morrer, pois queria fazer a diferença no mundo. Foi o passo inicial para a cura de Joana, que, após ter superado o seu problema, nunca esqueceu o sorriso da desconhecida. Joana cresceu com muita paixão e o sonho de fazer muito além de suas obrigações por onde passasse, assim como a desconhecida. Joana se tornou uma multiplicadora da felicidade e os pacientes a amavam. Ela queria não só cumprir os protocolos de trabalho como também fazer a diferença na vida de cada um e, por meio de seu propósito, inspirar as pessoas e construir seu legado.

Imagine duas empresas no mesmo segmento, uma sendo da Maria e outra da Joana. Pense em como seria a escrita da missão da Maria e como seria a escrita do propósito da Joana. Como seria o atendimento aos clientes pela empresa da Maria e como seria o da empresa da Joana? Qual delas é multiplicadora e teria mais potencial de sucesso?

Que todas as nossas missões, ou seja, nossas diferentes atividades ao longo da nossa vida sejam alinhadas com o nosso propósito maior. Qual causa você defende?

Espero que eu tenha esclarecido a você e não criado mais dúvidas quanto às diferenças de missão e propósito. Que essas definições o ajudem a fortalecer a cultura e a gestão da sua empresa, e que seus processos sejam condutores a impactar seus clientes e demais envolvidos.

Processos são o como da gestão. Processos são a gestão na prática do dia a dia. O nível da qualidade do processo é o nível da qualidade da gestão. Processos são o espelho da gestão. São a melhor sequência lógica de atividades para se chegar a um resultado final. Simples assim!

Quando comecei meu primeiro negócio, eu não tinha a mínima noção do que eram processos. E veja que eu já havia comandado o setor inteiro de uma empresa, desde a responsabilidade de concluir a folha de ponto de todos os liderados até fazer a rotina diária de liberação dos serviços de cada colaborador do setor e baixa no sistema. Além disso, fazia o faturamento mensal dos serviços que havíamos prestado durante o mês para o cliente. Tudo sem a consciência do que eram processos.

Segundo pilar: construção de riquezas

Na falta dos processos, a cultura forte faz o negócio sobressair. Porém, se a cultura é fraca, necessita de processos fortes. Se ambos são fracos, a empresa é uma catástrofe. Importante salientar que, se a empresa crescer muito, dificilmente uma cultura será disseminada para todas as pessoas sem um processo, inclusive o processo da própria cultura.

Quanta riqueza você já deixou de construir ou quanto dinheiro já rasgou por não possuir processos? Um negócio pode até crescer de maneira desorganizada devido ao amadorismo ou pressa do dono, mas, quando o negócio cresce, se não houver processos, acontecerão muitas perdas de recursos e tempo. Quanto mais se repete e aperfeiçoa um conjunto de atividades, maiores são a velocidade e a eficácia no resultado. Mas lembre-se de que as pessoas são mais importantes do que os processos, pois são elas que criam e os executam.

As três principais fases de uma empresa, e a importância dos processos nelas

Na origem do negócio, na fase 1, em quase todas as empresas brasileiras, tudo está na cabeça do dono, tanto referente a processos quanto à cultura da empresa.

Se o dono tem uma cultura forte de comprometimento e de disciplina, os processos estão na cabeça dele e ele os executa muito bem – mesmo não tendo consciência de que são chamados de processos.

Isso foi exatamente o que aconteceu comigo... e a empresa cresceu de maneira acelerada. O processo principal na minha cabeça era buscar prospectos nas listas telefônicas da época, ligar para todos, insistentemente, para agendar a visita. Agendada a visita, levava os kits de amostra e pedia uma oportunidade para o comprador colocar pelo menos um pedido menor para conhecer meu trabalho. Pedido colocado, fazia a compra da matéria-prima, recebia o material e o colocava em produção. Às vezes trabalhava das quatro da manhã às onze da noite para conseguir produzir, fazer o carregamento do caminhão e entregar ao cliente dentro do prazo prometido.

Percebeu o meu processo macro de venda até a entrega do pedido? Nessa fase 1, trabalhávamos eu, meu sobrinho e minha esposa. À medida que a empresa foi crescendo, houve a necessidade de contratar os primeiros colaboradores. Enquanto eles trabalhavam diretamente com os donos, a empresa continuava na fase 1. A relação era de confiança, com a comunicação direta entre donos e colaboradores.

À medida que fui ficando sobrecarregado com o crescimento do negócio e precisei de mais funcionários, começou a necessidade de escrever os processos de cada setor. Setor administrativo, comercial, produção, expedição. Aqui, a empresa estava transitando da fase 1, que era a fase de origem, para a fase 2, a fase de expansão.

Para mim, foi a fase mais difícil, pois eu não tinha a consciência de que precisava mapear e escrever os processos, além de deixá-los claros para a equipe.

O que me salvava nessa fase era a cultura forte, pois eu estava sempre presente e, mesmo com desperdícios por falta de processos para a equipe, atender os clientes era prioridade máxima. Quando errava, retrabalhava rápido e não deixava o cliente sem produto.

Isso me custou contratar mais gente que o necessário. E, sem um processo de RH que exigisse alinhamento à cultura do negócio, vinham pessoas com todo tipo de comportamento, causando um *turnover* bem maior que 10% ao ano. Havia uma rotatividade de colaboradores muito alta, além de muitos erros na produção e demais setores, ocasionando desperdícios de matéria-prima e muito retrabalho. Muito dinheiro sendo rasgado! Vale salientar que um *turnover* ideal é entre 5% e 10%, e, se for muito maior que isso, pode acarretar sérios problemas financeiros para a empresa.

Foi nesse tempo que fui deixando de ser um burro de carga com muita força e me tornando um burro de carga cansado. Fechava os meses e anos com muito trabalho e sem ver dinheiro sobrando no caixa, culpa também pela falta de processos financeiros que me ajudassem a fazer investimentos corretos. Eu investia muito no crescimento da empresa, com compra de novas máquinas e expansão para galpões maiores, mas será que era necessário?

Dá para perceber como foi a fase 2 do meu negócio. As pessoas dizem que esse caminho é normal, que na fase 1 não precisa de processos escritos e bem-organizados. Mas, se eu tivesse começado com eles bem-organizados desde a fase 1, teria entrado na fase 2 muito mais preparado e evitado tantos sofrimentos.

Tive que buscar me desenvolver como pessoa e me conhecer para organizar a empresa nessa fase 2 e ir em direção à fase 3.

A organização e a superação das dificuldades na fase 2, a fase da expansão, me custaram tomar severas e impopulares decisões que me fizeram, inclusive, passar alguns meses de conflitos internos e semanas sem vontade de comer, sem sono e com problema de saúde. Parte causada por conflito de princípios e valores e parte por orgulho, me preocupando com o que as pessoas iriam pensar de mim!

Entre o fim de 2018 e o início de 2019, precisei cortar mais da metade dos funcionários, renegociar com bancos e – o que eu nunca imaginava que fosse necessário algum dia – também com fornecedores. Só as dores e o autoconhecimento me fizeram vencer essa etapa.

Começava a transição entre as fases 2 e 3, cujo desafio era ter os processos mapeados, claros e objetivos, principalmente o processo da cultura. As equipes se adéquam a esses processos.

O processo de recrutamento, principalmente dos candidatos a gestores, precisa ser bem minucioso e, preferencialmente, ter a entrevista final com os donos. Estes vão confirmar o comprometimento e os alinhamentos dos candidatos com a cultura e os processos da empresa. Aqui está o segredo para a liberdade e independência dos donos. Estão na fase que podem empreender outros negócios, caso queiram.

Na fase 3, o propósito da empresa é vivido pelos colaboradores, que já se sentem confortáveis e amantes da cultura, que a levam para casa, fazendo uma unificação entre o dentro e o fora da organização. Todos vivem o mesmo propósito, como diz meu amigo e grande mentor de empresários Marcelo Canal.

Importante ressaltar que uma empresa na fase 2 pode retroagir para a fase 1, assim como a fase 3 pode retroagir para a 2. Tudo depende da gestão do momento!

Em empresas com gestão madura, vale a pena analisar a possível implantação da governança corporativa, em que geralmente os sócios se tornam conselheiros e a empresa segue seu caminho com muito mais independência e maturidade.

Às vezes vejo as pessoas perguntando por que existem empresários que têm muitas empresas ou fazem parte do quadro societário de vários negócios que faturam milhões em detrimento de outros que sofrem demais com apenas uma pequena empresa. A diferença está nas empresas com comitê de gestão ou governança em detrimento de outras cujos donos têm dificuldades até para terem sócios. A solução está na cabeça dos donos!

A empresa madura deve ter suas preocupações com o tripé da governança moderna: ESG – a sigla vem do inglês Environmental (Ambiental), Social (Social) e Governance (Governança). É um conjunto de critérios que as empresas utilizam para avaliar seu impacto ambiental e social, bem como suas práticas de governança corporativa. O objetivo do ESG é incentivar as empresas a serem mais sustentáveis e responsáveis em suas operações e a criarem valor de longo prazo para seus stakeholders. As empresas que priorizam o ESG costumam ser vistas como mais éticas e socialmente responsáveis, o que pode levar ao aumento da confiança do investidor e a um melhor desempenho financeiro ao longo do tempo.

Construa o mapa e siga-o

Imagine você numa estrada desconhecida dirigindo seu carro e, de repente, dá uma pane no painel. Você não consegue mais ver a velocidade nem o nível de combustível. A tela do GPS também apagou. E agora?

Assim acontece na empresa sem indicadores, na qual o empreendedor se vê no escuro, mas com uma diferença: o empreendedor

Segundo pilar: construção de riquezas

pensa que conhece a empresa e o mercado e segue tocando a viagem, sem ver os números do negócio. Ele sequer faz uma parada na beira da estrada, talvez em um posto de gasolina, para pedir informações, como um motorista de um carro faria.

Ele só vai parar quando os recursos acabarem em algum momento, com a conta bancária no vermelho ou outros sérios problemas, sem a possibilidade de pegar empréstimo.

Gestão por indicadores é como um GPS para as tomadas de decisões. Quem tem vai chegar muito mais rápido ao destino com clareza e confiança. Sem indicadores, o empreendedor vai tomar suas decisões baseadas em achismos. E, em empresas, não deve haver achismos.

Proponho então que pense nos indicadores da sua empresa. Quais números você teria na ponta da língua se eu lhe perguntasse sobre eles agora?

- Você sabe qual é o nível de satisfação dos seus clientes?
- Você sabe qual é a taxa de conversão das suas vendas?
- Você sabe qual é o seu faturamento?
- Você sabe qual é a sua margem de contribuição?
- Você sabe qual é seu ponto de equilíbrio?
- Você sabe qual é o EBITDA (do inglês: *earnings before interest, taxes, depreciation and amortization*, que significa "lucros antes de juros, impostos, depreciação e amortização") da sua empresa?
- Você sabe o lucro líquido do último mês?
- Você está feliz com seus resultados atuais?

Saber essas informações o ajudará a chegar ao destino que almeja.

Vale salientar que não é aconselhável ter um número enorme de indicadores sem objetividade. Eles precisam ser um número mínimo e que norteiem a empresa para resultados, sempre voltados a metas e objetivos! Cerca de cinco indicadores por setor e no máximo uns sete macros para a gestão macro.

Cuidado especial nos indicadores e medidores setoriais. Seus líderes precisam medir as microatividades, aquelas que são feitas no minuto a minuto. Se focar só o resumo total, pode não ter resultados.

O que faz acontecer o resultado do dia são os minutos e as horas. Assim como os resultados do dia fazem acontecer os da semana e do mês.

Implantando processos com rapidez e simplicidade

A implantação dos processos exige muito treinamento, execução, medição e controle para que haja correção dos erros e melhoria contínua. Uma dose de disciplina diária faz muito bem para a saúde da empresa e para a felicidade de todos. A disciplina é a nossa condutora para a felicidade.

Você pode escolher fazer as coisas fáceis e cômodas todos os dias, procrastinando e não dando seu melhor, permanecendo na zona de conforto, que é um lugar maravilhoso, mas que ao longo do tempo nos leva para um abismo terrível. O empreendedor se tornará reclamante e o empreender, muito doloroso.

Quando nos sentimos demasiadamente sobrecarregados e precisamos fazer grandes esforços em algum momento da vida, é porque deixamos de fazer os pequenos esforços no dia a dia durante a jornada. Você pode escolher fazer os pequenos e necessários esforços diários e ter uma vida facilitada, e aqui é o lugar da prosperidade.

Portanto, não deixe de fazer o que é necessário hoje e torne os seus ombros leves no médio e longo prazo. Seguindo algumas etapas, você pode implementar processos com sucesso por meio da disciplina em sua organização. Lembre-se de que são necessários tempo e esforço para estabelecer uma cultura de disciplina, mas os benefícios valem a pena a longo prazo.

A seguir, algumas etapas que podem ajudá-lo na implantação dos processos:

- **Passo 1**: identifique os objetivos dos processos – você deve definir claramente como os processos contribuirão para

Segundo pilar: construção de riquezas

alcançar os objetivos gerais de sua organização. Isso ajudará a determinar as áreas onde os processos são necessários.
- **Passo 2**: identifique as áreas onde os processos são necessários – isso pode ser feito analisando o fluxo de trabalho atual e identificando as áreas que precisam ser melhoradas. Você deve considerar os diferentes departamentos e funções dentro de sua organização e determinar quais áreas são críticas para suas operações comerciais.
- **Passo 3**: defina os processos – isso envolve a divisão do fluxo de trabalho em etapas menores e gerenciáveis. Você deve definir as entradas, saídas e atividades necessárias para concluir cada etapa. Você também deve identificar os recursos necessários para cada etapa, como pessoal, equipamento e materiais. Certifique-se de que todos na organização entendam o processo, sua finalidade e os resultados esperados.
- **Passo 4**: comunique os processos – a comunicação é fundamental para garantir que todos entendam os processos. Certifique-se de comunicar os processos por meio de vários canais, como treinamento, reuniões e e-mail.
- **Passo 5**: implemente os processos – isso envolve treinar seus funcionários nos novos processos e garantir que eles entendam seus papéis e responsabilidades.
- **Passo 6**: estabeleça responsabilidade – é essencial responsabilizar as pessoas pelo acompanhamento dos processos. Estabelecer diretrizes claras para adesão aos processos e consequências para o descumprimento delas.
- **Passo 7**: monitore a conformidade – monitorar regularmente a conformidade com os processos para identificar lacunas e áreas de melhoria. Você deve estabelecer métricas para medir a eficácia dos processos, o que o ajudará a tomar ações corretivas e garantir que os processos sejam seguidos de modo consistente.
- **Passo 8**: forneça feedback – forneça feedback construtivo aos membros da equipe para ajudá-los a entender a importância

de seguir os processos. Incentive-os a fazer perguntas e dar sugestões para a melhoria do processo.

Quanto mais os processos forem essenciais, melhor será o resultado. Eles não devem complicar o caminho, e sim ser um facilitador que canaliza para o resultado. É necessário reunir a equipe periodicamente para identificar o que traz mais resultado e pode ser intensificado, o que está causando ruído ou atrapalhando e precisa ser eliminado e o que de novo ainda precisa ser incorporado. Essa é uma regra excepcional para a empresa estar com a performance em constante evolução.

Se seguir essas etapas, você construirá uma empresa exemplar e próspera. Como já comentei, empresas que estão na miséria ou na sobrevivência não fazem o básico bem-feito. Gestão é simples e descomplicada.

Tendo o básico organizado, a estrutura da empresa está preparada para receber o motor do negócio que são as vendas. Ou você já viu motor de carro andar sozinho por aí?

Escuto muita gente dizer que depois que a empresa cresce que vem a organização. Na minha opinião, não é o correto e explicarei melhor no próximo capítulo. Em um negócio pequeno, é muito mais fácil já definir processos simples e que farão toda a diferença quando começarem a chegar os primeiros funcionários.

Mário montou uma pequena indústria e, depois de cinco anos, foi participar de um seminário comercial. Lá, ele escutou um palestrante renomado dizer que o que faz uma empresa existir são as vendas. Ele voltou para sua empresa e investiu quase todo o dinheiro que tinha no comercial, contratando vendedores, comprando carro, fazendo marketing e outras despesas pertinentes.

Seu comercial fez um trabalho ostensivo e, em apenas um mês, conseguiu captar alguns grandes clientes. Por problemas de capital de giro, Mário começou a ter dificuldades de colocar pedidos nos seus fornecedores, tendo que fazer pagamentos antecipados por

Segundo pilar: construção de riquezas

ter limite de crédito insuficiente. Recorreu a bancos, mas não teve tempo suficiente para evitar que houvesse atrasos nas entregas e consequentemente uma série de reclamações.

Resolvido o empréstimo no banco para a compra de matéria-prima e tendo convencido alguns vendedores a não desistir devido aos estresses gerados pelos atrasos, os funcionários da produção começavam a se sentir cansados pelo excesso de horas extras, e os problemas se estenderam à expedição e entrega.

As vendas iniciais foram tão explosivas que ele ainda precisou pegar mais dinheiro emprestado para expandir o galpão e comprar duas novas máquinas para atender a demanda.

O tempo se passou e, se não bastassem os desafios rotineiros de gestão na indústria, para piorar, erros na fabricação dos produtos geraram altas indenizações a consumidores e Mário não sabia o que fazer. Seu comercial não tinha mais segurança para apresentar um produto cuja marca estava queimada no mercado. As vendas começaram a cair e Mário tinha uma estrutura de custos alta. Alguns poderiam até conseguir fazer ajustes sem deixar a empresa morrer, mas não foi esse o caso de Mário.

Em resumo, como muitos, Mário precisou buscar muita inteligência emocional e atitudes para recomeçar. Com muitos aprendizados e lições extraídas em sua nova e já estabilizada empresa, ele sabe que vender é sim o motor de uma empresa, mas primeiro precisa ter os setores da empresa equilibrados e com processos para receber o motor chamado de setor de vendas e crescer com sucesso e felicidade.

COMERCIAL E MARKETING

O comercial é o motor da empresa e, sem vender, nada vai acontecer.

Já ouvi muitos colegas dizendo que primeiro se deve vender, depois fazer gestão. De fato, aconteceu comigo e acontece com quase todo mundo que abre um negócio. Mas é o mais correto? Se fosse, provavelmente não teríamos um índice tão grande de falência das empresas nos três primeiros anos. É preciso fazer o processo correto para você não entrar nessa estatística.

Vender é consequência de um processo bem-feito. Nós começamos aqui esse processo, desde a preparação da liderança, o estudo da persona, a criação da cultura para atender essa persona e a implantação dos processos. Com essa estrutura pronta, coloque o motor das vendas compatível com ela e pise no acelerador conforme suas metas e objetivos. O próximo passo é construir uma base de possíveis clientes. A geração dessa base e o aquecimento dela, pela estratégia de marketing conforme cada segmento, são diferentes a cada cliente.

Não é simplesmente fazer o cadastro de um cliente no sistema, com dados básicos como CNPJ, CPF e endereço. Em uma das minhas empresas, por exemplo, meu comercial precisa identificar e preencher desde informações técnicas à fundação da empresa, o propósito dela, as principais necessidades e desejos. Além disso, fazer o preenchimento correto no CRM (*Customer Relationship Management*) que desenvolvemos, principalmente para o mercado B2B. Após todo o levantamento para entendimento do cliente, criamos uma proposta de valor assertiva, justa e verdadeira.

As pessoas precisam de boas ferramentas para evitar esquecimentos e desorganizações. Você já se esqueceu de algum cliente? Normalmente se lembra de um cliente esquecido quando ele aparece do nada ou quando as vendas estão péssimas? E se as vendas estiverem péssimas e o banco de dados dos clientes estiver pequeno ou for ruim?

Dados são os bens mais valiosos do mundo. Quanto mais informações dos seus clientes, mais rica sua empresa é. Quanto mais clientes bem cadastrados na sua base de dados, maior é sua possibilidade de ter uma empresa que cresce constantemente. Portanto, invista na geração de uma base de clientes sustentável para que sua empresa também seja sustentável, rica e próspera.

Segundo pilar: construção de riquezas

O processo de venda precisa ser montado de modo que priorize o relacionamento. A máquina é usada para facilitar a parte de gestão do trabalho dos humanos, mas lembre-se: são pessoas que compram de pessoas.

Existem empresas que investem tanto nas relações humanas e conseguem sobreviver sem nem mesmo ter um bom produto ou cometendo muitas falhas. Com um relacionamento forte, a corda demora mais para arrebentar, no caso de falhas em um processo de entrega do produto, por exemplo. Mas atenção: tenha um relacionamento forte e um produto além da promessa, e suas vendas vão explodir.

Lembre-se de que talento sem esforço não resolve. Melhor o esforçado com pouco talento. Mas o esforçado talentoso é invencível. "Me indiquem alguns profissionais assim que tenho vaga sempre!"

É importante também ter em mente que a venda não acontece quando o cliente fecha o pedido.

Provavelmente você já comprou em alguma empresa cujo atendimento foi ótimo até você fazer o pedido. Depois do pedido feito, parecia que você estava lidando com outra empresa. E piorou depois do pedido entregue, quando você quis fazer uma reclamação sobre a qualidade do produto ou devolver o pedido.

Esse é um dos grandes erros das empresas. Empresas assim são geradoras de clientes detratores da marca, e não de fãs.

A venda só acontece quando o cliente recebe o pedido e detecta que a promessa foi cumprida, que o produto atende a expectativa. Em alguns casos, como é na minha empresa que fabrica embalagens, a venda só acontece quando o cliente do meu cliente recebe o produto bem embalado, protegido e sem sofrer danos devido a uma embalagem ruim.

Tudo precisa funcionar bem até a conclusão do processo de venda para que o cliente compre novamente, tornando-se recorrente. O trabalho mais difícil em uma empresa é conseguir um cliente.

É mais difícil vender para quem não nos conhece e não nos ama. Segundo o economista americano Philip Kotler, conquistar um novo cliente custa entre cinco e sete vezes mais do que manter um atual.[32]

Precisamos trabalhar todos os dias para que nossos clientes se encantem, sejam fãs, defensores e evangelizadores da nossa marca.

A seguir, vamos ver algumas atitudes a serem adotadas que impulsionarão seu negócio nas áreas de marketing e comercial.

A cultura precisa ser vendedora

Do porteiro ao entregador, todos devem estar focados em honrar a finalidade de a empresa existir, que é resolver problemas e atender as necessidades e os desejos dos clientes. O comercial coloca o cliente para dentro e faz o pedido e quem conclui a venda é quem fabrica e entrega, no caso de uma indústria. Ou seja, os colaboradores do chão de fábrica e a expedição estão mais próximos do cliente do que o comercial, pois são eles que fazem a promessa do comercial ser cumprida.

Todos os colaboradores precisam estar focados na gestão da base de clientes. Sem a conquista dos clientes, não existe empresa.

Monte equipes de acordo com seu modelo de negócio e posicionamento de mercado

Qual fatia do mercado você quer? Isso vai definir o tamanho do seu time comercial e o perfil dos contratados.

---

[32] PINE PR. Conquistar um novo cliente custa entre 5 a 7 vezes mais que manter um atual. **JRS Digital**, 28 jun. 2021. Disponível em: https://jrs.digital/conquistar-um-novo-cliente-custa-entre-5-a-7-vezes-mais-que-manter-um-atual/. Acesso em: 18 jul. 2023.

Segundo pilar: construção de riquezas

Eu já montei times de vendas que bateram recordes mesmo com a economia em baixa. É o que sempre falo: você pode alcançar seu próprio número, independentemente do PIB geral.

Em outros momentos, preferi equipes mais técnicas a agressivas comercialmente, visando aos resultados que eu queria e atendendo meu posicionamento de mercado, que havia mudado.

Quando falo das vantagens de pessoas multifuncionais na equipe, dependendo do modelo de venda, isso não se aplica ao setor comercial. Em muitas empresas, é necessária uma pessoa para buscar e preparar as listas de prospecção, outra faz a qualificação dos leads, outra faz as ligações para agendamento da reunião. Em seguida, entra alguém que faz o fechamento e, em alguns casos, um colaborador para fazer a visita técnica; depois da venda, o pós-venda entra em ação verificando a experiência do cliente e preparando o terreno para um novo ciclo, o da recorrência.

LDR, BDR, SDR e *closer* são alguns nomes de especialistas de vendas complexas B2B.[33] Embora todos estejam no mesmo objetivo, realizam atividades diferentes para um resultado muito maior. Dependendo do negócio, como é o caso de uma empresa de tecnologia que fundei, ainda é necessário, em uma assinatura premium que vendo, um profissional para fazer o mais importante: a entrega, ou seja, a implantação. A venda finaliza na entrega, com o

---

[33] O LDR, ou Lead Development Representative, é o profissional responsável por organizar as listas de leads para a prospecção. Essas listas podem ser compradas de empresas especializadas ou geradas internamente pela própria empresa.

O BDR, ou Business Development Representative, é o profissional responsável pela prospecção *outbound*, usando *cold e-mail*, *cold calling*, *social selling* e networking, principalmente por redes sociais como LinkedIn e/ou listas frias geradas pelos LDRs.

O SDR, ou Sales Development Representative, é o profissional responsável pela prospecção e qualificação de leads. Ele recebe a lista de leads – que pode ser gerada tanto por inbound – e entra em contato eles. O objetivo é identificar aqueles que se encaixam no Perfil de Cliente Ideal (ICP), na sigla em inglês e estão prontos para adquirir a solução.

Closer é o especialista no fechamento das vendas, com habilidades mais expansivas de mercado e de maior poder de convencimento.

cliente feliz. E veja que ela nem finaliza se é algo recorrente e, mais importante ainda, ela continua. Nesses casos a prioridade é contratar especialistas, e não multifuncionais. Uma pessoa multifuncional nesse tipo de processo de venda teria que conhecer muito o todo. É como se ela tivesse vários chapéus e, além disso, as habilidades de usar o chapéu adequado em cada parte desse processo.

Quem faz venda recorrente precisa ter um bom controle da relação com os clientes. Um CRM precisa ser descomplicado, de modo que a equipe não encontre amarras para utilizá-lo. Se a equipe não o utilizar, nada feito. A contratação de um analista bem rígido de CRM pode ser uma solução, pois normalmente as pessoas do comercial não são tão simpáticas a usar o CRM, pois o perfil comportamental delas não gosta muito de processos, não são disciplinadas.

Quem é de vendas pensa que gastará tempo preenchendo o CRM e não aposta no médio e longo prazo. O conselho que dou para empreendedores é que ajudem o time, entregando uma ferramenta prática, e, ao mesmo tempo, não deem trégua, exigindo que todas as atividades sejam registradas no CRM.

Importante que seja feita a gestão de cada cliente, conforme seu volume de compra e recorrência. Quem cuida bem dos clientes recorrentes e está sempre conquistando novos está direcionado ao sucesso.

Fique de olho nas metas

Uma meta é o farol que ilumina o caminho para onde a empresa quer ir.

Aonde você quer chegar no médio prazo pode ser sua visão de fim de ano. Durante esse percurso haverá metas semestrais, mensais, quinzenais, semanais e diárias.

De acordo com o objetivo da empresa no mercado, as metas não devem ser além das possibilidades, de modo que desanime a equipe, mas também não devem deixar de ser desafiadoras. E tenha em mente que um time que não joga para crescer ou que jogue pelo empate raramente não perde. Para não perder, terá que ter uma disciplina rigorosa e ainda correr sérios riscos de perder. Mesmo que você não tenha a intenção de crescer o negócio, é importante estabelecer uma taxa de crescimento mínima de 1% ou 2%, mas não correr o risco de jogar pelo empate. Sempre colocar um novo cliente para dentro porque algum pode sair por alguns motivos.

Em 2017, eu reuni a liderança e a equipe e tracei uma meta de 100% de crescimento em doze meses. Existia um especialista em vendas na sala que achou um absurdo, ilógico. E ele tinha suas razões, pois o crescimento industrial no ano estava em 2,5%. No fim do ciclo, nós batemos 60% da meta e ele me perguntou se eu havia ficado decepcionado. Eu lhe devolvi a pergunta, questionando se era melhor bater 60% de uma meta de 100% ou bater 20% de uma meta de 10%! E veja que na última opção eu teria alcançado um resultado o dobro do projetado. Mas claro que a primeira opção foi três vezes mais, mesmo sendo apenas 60% da meta. Eu sabia que a equipe conseguiria, pois eu estava junto dela, dando todo o apoio e sustentação.

E você, como tem projetado os seus números para o comercial?

Muito além de fazer as metas, um dos segredos é acompanhá-las diariamente. Eu sempre tive o hábito de fazer uma reunião todos os dias no início das atividades com o meu comercial. Todos em pé, falando dos números no dia anterior, de quantos por cento percorreram o caminho em direção à meta semanal e mensal e do quanto esperaram percorrer no dia que estava iniciando, além de quais as principais ações para tal iriam fazer no dia.

Comercial precisa sempre estar energizado. Inove sempre nas campanhas de vendas da equipe e premie conforme as metas que quer alcançar. Às vezes vale a pena fazer uma premiação por metas diárias ou semanais, de modo que as vendas não se acumulem apenas no fim do mês. Eu já tive problemas na indústria com gastos excessivos de horas extras e com fretes no fim do mês, sendo que a produção e a logística ficavam ociosas na primeira quinzena.

O problema estava no escopo da meta do comercial. Passei a desdobrar a meta mensal para todos os dias do mês, paguei premiação por meta diária e o problema foi resolvido. Claro, sem deixar de pagar uma premiação mensal também.

Tenha em mente: a venda é um processo, e não um "auê"!

Para atingir as metas, os gestores comerciais pensam muito no montante a ser alcançado e se esquecem de focar as microtarefas. A começar pela busca de leads, na qualificação deles, pelas ligações no setor de prospecção e agendamento de visita dos consultores. É preciso focar as tarefas pequenas. Ou seja, focar o caminho, e não apenas o destino.

O destino é aonde se quer chegar, mas é o caminho que leva até o destino. São as ações nos minutos que fazem a hora. São essas ações que vão fazer os resultados do dia. São os resultados dos dias que fecharão a conta da semana, dos meses e do ano. Então, monte microprocessos do setor comercial, de cada etapa, para que suas vendas sejam consequência de um belo trabalho. Meça, meça todos os dias!

Muitos engenheiros vêm tendo sucesso no setor de vendas e isso parece ser contraditório quando olhamos para os seus perfis comportamentais. Porém, é compreensível quando observamos a importância de métodos e processos para aumentar as vendas no médio e longo prazo. Engenheiros gostam de metodologias e processos e são pacientes com cada etapa. Ainda podemos adicionar que o mundo está mudando e compradores estão preferindo comprar por novos canais, abandonando aqueles modelos tradicionais de compra nos quais recebiam um representante ou consultor. E, para vender por meio de canais tecnológicos, quem gosta de métodos e processos sai na frente de quem ama usar a garganta.

Vimos que os procedimentos de vendas precisam estar bem claros para a equipe. Reflita como está essa questão no seu negócio.

Segundo pilar: construção de riquezas

De 0 a 10, qual a nota da sua equipe em relação às práticas do manual de venda? O que você vai fazer para melhorar?

Principalmente nas empresas de vendas mais complexas, cujos produtos não sejam genéricos, no manual de vendas precisa constar flexibilidade de acordo com cada cliente. O atendimento não deve ser padrão quando os clientes tiverem necessidades específicas e personalizadas. Para isso um bom documento de levantamento das necessidades de cliente é essencial para depois ser feita a proposta de valor, antes de fazer o preço. O preço é a última coisa, mesmo que o cliente esteja impaciente o solicitando. Seu desafio é primeiro mostrar os seus diferenciais e para isso sua equipe de vendas precisa ser investigativa. Minha sugestão é que você use um Canvas da proposta de valor para cada cliente ou um conjunto de perguntas bem estruturadas que vai guiar a interação e investigação. Inclusive, esse conjunto deve ser usado com o lead em todas as etapas do processo do funil de vendas. Perguntas inteligentes, desde o primeiro atendimento, deixam o cliente confiante no potencial diferenciado da empresa.

Proposta de valor

Qual é o valor percebido pelo cliente da sua empresa ou produto? Se você não conseguir gerar esse valor na cabeça do cliente, ele só vai comprar pelo preço. Se sua empresa não entrega valor e vende similar a commodities, cujos preços são padronizados, não existe nada errado, se esse é o seu posicionamento.

Uma proposta de valor é uma declaração que descreve o valor exclusivo que seu produto ou serviço oferece aos seus clientes. Deve ser claro, conciso e focado nos benefícios que seus clientes receberão ao usar sua oferta.

Aqui estão os passos que você pode seguir para criar uma proposta de valor:

- **Identifique seu público-alvo**: quem são seus clientes ideais e quais são seus pontos problemáticos? Compreender o seu público é fundamental na elaboração de uma proposta de valor que ressoe com eles.
- **Defina sua proposta de venda exclusiva**: esse é o aspecto do seu produto ou serviço que o diferencia da concorrência. O que torna sua oferta única e por que os clientes devem escolhê-la em detrimento de outras?
- **Destaque os benefícios**: concentre-se nos benefícios que seus clientes receberão ao usar seu produto ou serviço. Isso economizará tempo ou dinheiro? Isso resolverá um problema específico com o qual eles estão lutando? Seja claro e específico em suas mensagens.
- **Use uma linguagem clara**: sua proposta de valor deve ser fácil de entender e comunicar. Evite usar jargões ou termos técnicos que possam confundir seus clientes.
- **Teste sua proposta de valor**: depois de criar sua proposta de valor, teste-a com seu público-alvo para ver como eles reagem. Use o feedback deles para refinar e melhorar suas mensagens.

Lembre-se de que sua proposta de valor é um componente crítico de sua estratégia de marketing e deve estar na frente e no centro de toda a sua comunicação com os clientes. Ao seguir essas etapas, você pode criar uma proposta de valor atraente que ressoe com seu público e impulsione o crescimento de seus negócios.

Segundo pilar: construção de riquezas

Marketing

Facilite as vendas e invista no marketing correto para o seu negócio, mais que seus concorrentes. O marketing é o facilitador do caminho do comercial.
Algumas dicas práticas:

- Cuidado para, quando for cortar custos ou despesas, não cortar na fonte geradora de renda. Já vivi momentos em que eu cortava custos em todos os setores, menos no comercial e marketing. Pelo contrário, nesses eu aumentava os investimentos.
- Cuidado para não ter um marketing muito bom e um produto ruim. Isso pode se tornar motivo de críticas para a sua marca. Tenha um produto compatível com o seu marketing.
- Esteja junto com seu cliente contra o problema a ser resolvido e a favor do desejo a ser realizado. Sejam uma equipe!
- Marque e consolide a sua presença na internet.

Atenção: Cuidado com os canais utilizados tanto na venda quanto no marketing. Antigamente os clientes gostavam de ligações por telefone, tinham uma taxa de abertura de e-mail maior e, atualmente, no momento em que escrevo este livro, o canal preferido é o WhatsApp. Tenha um bom processo de venda pelos canais que seus clientes preferem.

PRESENÇA DIGITAL

A cada ano que passa, o mundo dos negócios fica mais dinâmico. Um caminho sem volta é o digital e ainda há empresas que não se posicionam bem na internet.

O código dos negócios extraordinários

Vimos alguns negócios fecharem suas portas por um tempo e seus donos desesperados querendo migrar para o digital de um dia para o outro. Quem já estava com certo posicionamento saiu na frente, sobrevivendo à tempestade, e muitas empresas alavancaram seus negócios, vendendo bem mais.

Independentemente de imprevistos, como aconteceu no fechamento dos comércios entre 2020 e 2021, as empresas precisam estar presentes no digital, mesmo que muitos donos achem complicado lidar com tecnologia. Quando existe vontade, tudo se aprende, e é melhor não deixar para depois e correr o risco de ir ficando para trás. Você pode contratar bons profissionais autônomos por um custo menor.

Ficou bem claro que, no mundo atual, ter presença digital é fundamental para ser encontrado e mostrar ao mundo que você existe. Então reflita: o que você tem feito hoje para ser descoberto? Quanto você investe em presença digital?

_____
_____
_____

Para construir a estrutura, ou seja, a base para a instalação do motor de vendas e o funcionamento dele, é essencial fazer um planejamento de custos para a execução da operação. Costumo chamar de orçamento financeiro, e o comercial tem o papel principal nesse orçamento, afinal, é ele quem coloca dinheiro para dentro, movimentando a parte das entradas do fluxo de caixa.

Para trazer sustentabilidade e prosperidade para o negócio, a parte das saídas precisa estar redonda, regulada; caso contrário, todo o dinheiro vai embora. E não só o papel de regular como também de multiplicar.

Segundo pilar: construção de riquezas

FINANÇAS INTELIGENTES

Vimos que, para um negócio crescer, é fundamental fazer vendas, mas não é só isso. Não podemos nos esquecer das finanças. Infelizmente, não é sempre que isso acontece. O setor financeiro costuma ser o mais desorganizado das empresas. O motivo é que a maioria das pessoas que abrem empresas são pessoas com perfis mais de expansão, são mais executoras e comunicativas e não focam muito os detalhes dos números financeiros.

Imagine uma caixa-d'água com o fluxo de entrada e o de saída. Se deixar fluir naturalmente, é muito mais fácil sair do que entrar. Assim é também nas finanças de uma empresa. Muito mais fácil gastar do que vender, o que exige sempre disciplina com as finanças.

Muitas vezes os empreendedores compram uma máquina nova, por exemplo, com o dinheiro do giro do mês, do caixa, antes da apuração para saber se terá lucro ou não. O correto é fazer o investimento com o lucro da operação do negócio, antes da apuração dos impostos, para que os investimentos sejam tributados. Inclusive com crédito dos impostos, em casos de regime de débito e crédito.

Muitos empreendedores não gostam de detalhes nos números e rasgam dinheiro em vez de multiplicá-lo. Você se lembra da parábola dos dez talentos?

Como eles são os donos do negócio e não têm um "Senhor" para quem prestar contas, ficam na zona de conforto quanto à organização financeira. Agora, imagine se um dono de empresa tratasse os números financeiros como o seu jogo preferido, seja um videogame, seja um jogo de pôquer...

ORÇAMENTO FINANCEIRO

Como vimos, uma pesquisa realizada pela consultoria Falconi revelou a fragilidade na gestão das médias empresas no Brasil, que são aquelas que faturam anualmente entre 4,8 milhões e 300 milhões de reais. Se essas fragilidades na gestão acontecem nas médias empresas, fico imaginando como é a gestão das pequenas empresas.

Certamente fazer um planejamento estratégico bem elaborado é um desafio para as pequenas e médias empresas, desde a cabeça dos donos ao capital humano que elas possuem no quadro de colaboradores. Sendo assim e com a intenção de facilitar os caminhos, sugiro que o empreendedor não deixe de ter pelo menos o orçamento financeiro anual.

Um orçamento financeiro é um componente crucial do planejamento estratégico. É uma previsão das receitas e despesas antecipadas de uma empresa para um período específico, normalmente um ano. O orçamento financeiro ajuda as organizações a planejar e alocar seus recursos de modo eficaz, garantir que tenham fluxo de caixa suficiente para cumprir suas obrigações e monitorar seu desempenho financeiro.

Um orçamento financeiro geralmente inclui os seguintes itens:

1. **Previsão de vendas**: estima o valor da receita que a organização espera gerar em determinado período. A previsão de vendas geralmente é baseada em dados históricos de vendas, pesquisa de mercado e projeções de vendas. É importante ser realista ao definir metas de vendas para evitar superestimar a receita e criar expectativas irrealistas. Tenha uma lista de todos os clientes ativos e coloque no orçamento de modo individual, nome por nome, o que cada um vai comprar, mês a mês. Faça também uma lista de projeção de novos clientes, mês a mês, e coloque nomes fictícios nos que você não conhece ainda. Meça mês a mês junto à liderança comercial. Eu faço na parte das vendas todos os dias.
2. **Despesas operacionais**: inclui todos os custos associados à administração da organização, como salários, aluguel, serviços públicos e suprimentos. As despesas operacionais devem ser cuidadosamente monitoradas para garantir que estejam

Segundo pilar: construção de riquezas

alinhadas com as receitas e metas da organização. Também é importante identificar maneiras de reduzir despesas e aumentar a eficiência sem sacrificar a qualidade.

3. **Despesas de capital**: isso inclui quaisquer investimentos que a organização planeja fazer em ativos, como propriedades, equipamentos ou tecnologia. Os gastos de capital devem estar alinhados com as prioridades e metas estratégicas da organização. É importante considerar o retorno sobre o investimento (ROI) de cada gasto e como ele contribuirá para o sucesso da organização a longo prazo.
4. **Fluxo de caixa**: mostra as entradas e saídas de caixa esperadas durante o período orçamentário e ajuda a organização a administrar sua liquidez. Uma demonstração de fluxo de caixa é uma ferramenta essencial para monitorar a saúde financeira da organização e garantir que ela tenha caixa suficiente para cumprir suas obrigações.
5. **Declaração de lucros e perdas**: mostra a receita, as despesas e o lucro líquido ou prejuízo esperados da organização para o período orçamentário. A demonstração de resultados é uma ferramenta importante para medir o desempenho financeiro da organização e identificar áreas de melhoria.

Ao desenvolver um orçamento financeiro, as empresas podem identificar possíveis deficiências financeiras ou áreas de excesso e ajustar seus planos. Também ajuda as empresas a comunicar suas expectativas financeiras às partes interessadas, como investidores ou credores. Além disso, um orçamento financeiro pode ajudar as organizações a priorizar seus gastos e garantir que estejam investindo seus recursos da maneira mais eficaz possível.

No geral, um orçamento financeiro é uma ferramenta crítica para o planejamento estratégico e deve ser revisado e atualizado regularmente para garantir que permaneça relevante e eficaz. Ao gerenciar cuidadosamente seus recursos financeiros, as empresas podem aumentar suas chances de sucesso e sustentabilidade a longo prazo. Diferencie-se da grande massa e não deixe de fazer o seu, mesmo que de maneira bem simplificada.

Além do orçamento financeiro, algumas ações na área financeira são fundamentais para a construção de riquezas por meio de um negócio:

1. Olhar para o fluxo de caixa todos os dias. Isso fará você se incomodar e eliminar todas as despesas não essenciais e medir seu crescimento para tomadas de decisões imediatas, quando necessárias. Lembre-se de que pequenas despesas somadas ao longo do tempo levam uma empresa para o buraco, ou esse dinheiro, no mínimo, pode fazer muita falta.
2. Olhar para a saúde do seu capital de giro e ver a evolução dele, pelo menos de uma semana para outra. Vai poder também controlar seu fluxo financeiro, que em alguns modelos de negócios implicam os prazos de pagamento ao seu fornecedor, o tempo de estoque/operação e os prazos de pagamentos dos seus clientes a você.
3. A correta separação dos custos fixos e variáveis no plano de contas. Isso vai possibilitar ter a sequência organizada nos indicadores de margem de contribuição, ponto de equilíbrio, EBITDA e lucro líquido.
4. Seja fascinado pelo lucro e faça simulações do que você precisa fazer para ter o lucro desejado. Faça simulações com diferentes valores de lucro desejado. Faça isso ficar divertido, e não chato.
5. Diversifique a utilização dos seus lucros em investimentos inteligentes e evite os não inteligentes. Muito menos em passivos. Ativos não inteligentes são aqueles que rendem próximo à inflação. Antes de fazer um investimento, analise o custo da oportunidade, quais as vantagens e desvantagens e

Segundo pilar: construção de riquezas

se não existe outro que poderia render mais. Não se esqueça de sempre diversificar, mesmo que você ame a ousadia.
6. Sempre tenha reservas financeiras. Parte das reservas financeiras precisa ser aplicada em investimentos de rápida liquidez. O dinheiro estará rentabilizando e ainda vai atender algum imprevisto que o caixa da empresa possa ter. Já passei dificuldade em certos momentos porque havia aplicado em imóveis. Na hora de uma crise e necessidade de socorro ao caixa, provavelmente só vai conseguir vender o imóvel rápido por um preço bem menor.
7. Muito dinheiro nem sempre é o que resolve o problema de imprevisto de caixa negativo. Às vezes, o problema do caixa é por uma má gestão de momento e o dinheiro só vai maquiar ou aumentar o problema. Primeiro resolva a gestão e depois, se necessário, coloque dinheiro. Não coloque dinheiro numa caixa sem fundo ou furada, pois ele vazará! Mesmo com pouco dinheiro ou nenhum, você pode fazer acontecer!

Contabilidade e impostos

Cuidado na escolha do seu contador. Contrate um profissional qualificado, não se guie apenas pelo valor que se cobra do serviço. Acredite, não compensa. O que você economiza nos honorários acaba gastando a mais nos impostos, devido a uma apuração errada. Eu já passei por isso e me arrependo. Por culpa dos clientes que querem escolher o mais barato, os contadores, na sua maioria, oferecem um serviço básico.

Isso acaba fazendo muita empresa pagar mais impostos. Eu já paguei muito imposto indevido porque a contabilidade não os apurava corretamente. Afinal, contabilidade, ao longo dos meus anos de experiência, foi uma das áreas que mais me trouxeram dores de cabeça.

Não contrate apenas contador, pois o próprio nome já diz, ele apenas conta e lhe envia a guia para você pagar. O ideal é contratar uma empresa de contabilidade cujos serviços contemplem um bom planejamento tributário que vá direcionar você corretamente em qual regime sua empresa estará, entre outros serviços personalizados. Além disso, preocupe-se com sua proteção patrimonial, mesmo pensando que nunca terá problema nessa área.

Não trate a contabilidade como uma agência genérica de marketing digital, pois isso pode ser perigoso e você pode perder muito dinheiro. Não acredito que uma contabilidade que tenha dez funcionários, por exemplo, consiga oferecer um serviço exemplar para duzentos clientes. Pague mais por um serviço personalizado. Faça networking e conheça pessoas da área contábil, até para checar se você não está pagando muitos impostos. Vale a pena visitar empreendedores do seu segmento fora da sua área de atuação para compartilharem experiências e conhecimentos. Você e seu colega de segmento podem economizar dinheiro com essa troca. Costumo fazer esse benchmarking com colegas de outros estados que não atuam na minha região. Como não atuamos no mesmo raio, ficamos mais à vontade para compartilhar. E vale salientar que essa troca de informações se estende para outros setores das empresas, como o de compras, performance de pessoal etc.

Ao empreendedor do ramo de contabilidade, que aproveite essa oportunidade de necessidade de serviço especial no mercado. Capacite-se e crie serviços personalizados para cada necessidade de clientes. Ou você quer se posicionar como um serviço padrão de fast-food? Evite.

E quando as dívidas estão muito altas?

Se está se sentindo preso em problemas financeiros e não tem dinheiro para sair da situação, saia com o grito de liberdade. Dispense o orgulho e chame seus credores para renegociar.

Segundo pilar: construção de riquezas

Eu já passei por esse conflito e pensava que eram só os meus princípios e valores que me faziam lutar comigo mesmo e não pedir nada para quem eu devia dinheiro. Tinha muito mais a ver com meu orgulho. Pedir uma negociação ou, em último caso, avisar que não vai poder pagar por algum tempo não significa que você não tem valores e princípios. Assuma o seu direito de passar por um momento difícil e perdoe-se pelos seus erros. Você não está fazendo isso porque quer, mas, sim, por necessidade. As dores e aprendizados dessa situação o farão tomar ações para nunca mais passar por momentos semelhantes.

Tenha sempre sabedoria emocional para viver bem em momentos de imprevistos, priorizando você, sua família e seus colaboradores. Assim, você criará condições para pagar todos os credores.

Claro que cada crise de um negócio exige ações diferentes. Vou listar a seguir algumas ações para quem precisa fazer um ajuste mais severo para salvar um negócio e reorganizar as finanças.

- Antes de mais nada, prepare-se emocionalmente para se blindar de se preocupar com o que os outros pensarão de você.
- Procure um especialista caso você tenha bens em seu nome e também esteja sujeito a bloqueio de suas contas bancárias. Isso pode inviabilizar seu negócio. As prioridades das negociações podem se alterar de acordo com sua proteção patrimonial ou não existência de bens.
- Na lista de negociações, priorize você e sua família, pois, se você não estiver bem, não terá como resolver o problema dos demais. Em seguida, estão seus colaboradores, pois sem eles você também não conseguirá sobreviver. Aproveite para analisar quais são os principais colaboradores que estão com você, quais realmente estão comprometidos e, se necessário, já enxugue a folha dos próximos meses.
- Faça uma lista de todas as contas do mês e priorize seus serviços essenciais. Se tiver dúvida se precisa ou não de algum

deles, corte-o imediatamente para que essas contas não se repitam no próximo mês e coloque esses credores na fila de negociação conforme suas prioridades.
- Em seguida, olhe para seus fornecedores, quais podem negociar com você e se isso será possível, já que, em algumas cadeias produtivas, fornecedores cortam todo o crédito só pelo fato de pedido de renegociação de prazos de pagamentos. Em casos assim, você terá que separar um capital suficiente para comprar à vista ou antecipado, para depois negociar o passado. Priorize fazer negócio com aqueles que o ajudarão na reorganização. Os demais, de acordo com suas possibilidades, vão para o fim da fila de prioridade.
- Concernente às contas com instituições financeiras, veja uma taxa de juros justa no mercado e proponha um alongamento de acordo com o que você pode pagar. É bem provável que o banco não vá aceitar, mesmo o gerente sendo seu amigo, pois isso foge à alçada dele. Procure um especialista para ler seus contratos com o banco e ver o melhor a fazer, dependendo das garantias oferecidas. É provável que ele fará uma auditoria nos últimos cinco anos da sua conta e encontrará muitas cobranças indevidas, o que pode lhe dar forças na defesa de uma possível execução. É normal que você tenha que deixar de pagar por um período para que o banco ceda em alguma coisa. Lembrando que você é o Davi e o banco é o Golias, ou uma formiguinha contra o elefante. Sendo assim, você só conseguirá o que precisa se tiver boas estratégias contra esse gigante. Lembre-se de que o que você está fazendo é para a sua sobrevivência. Você não é malandro! Isso vai passar e você aprendeu lições para nunca mais ser necessário repetir.
- Se alguém, por estratégia, deixar a empresa se deteriorar financeiramente para ganhar com isso no futuro, a marca dessa pessoa será ruim no mercado. Atualmente não há mais espaço para esse tipo de atitude no mercado. Vale a pena ter caráter, afinal, que propósito e legado queremos deixar?

Segundo pilar: construção de riquezas

- Atenção com os impostos. Converse com seu contador para que atrasos além dos limites não comprometam sua operação. Esse leão pode até demorar, mas ele cobra até depois da sua morte, pois sua família terá que pagar.
- Faça os ajustes necessários até deixar o negócio rentável, suba para a prosperidade e nunca mais volte para a zona da sobrevivência nem da miséria. Você merece!

Ressalto que essas orientações não se aplicam a tudo. Cada situação pode demandar medidas diferentes. Consulte especialistas antes de tomar suas decisões.

Multiplique seus bens

Já vi empresas passando por dificuldades, empresas que em algum momento foram lucrativas. Alguns sócios estavam bem de vida, mesmo com o fechamento da empresa. Outros sócios estavam pobres porque tudo que receberam de pró-labore e participação dos lucros ao longo do tempo havia sido gasto e não investido, com uma péssima gestão das finanças pessoais.

Quando vender um negócio

Já tive momentos terríveis na empresa, em que só queria ficar livre dela, porque não estava lucrativa, o mercado estava ruim e havia dívidas. Ou seja, era o momento errado para pensar em venda e esse é o erro de quase todos os empreendedores.

Quando a empresa está dando lucro, o dono do negócio não pensa em vender, apenas quando está triste com o negócio devido às dores de cabeça. Esse não é o momento de fazer a venda, pois, em alguns casos, terá que pagar o comprador para assumir o negócio.

Quem sabe fazer dinheiro vende quando o negócio está lucrativo.

Da mesma forma, para quem quer pegar dinheiro emprestado, o melhor momento é quando não precisa, pois o dinheiro está barato. Mas pegar dinheiro emprestado quando não precisa para quê? Um empreendedor não deve pensar apenas na operação da sua empresa, e sim em gerar outras fontes de receitas. Se você é muito conservador, existem fontes de receitas seguras que pagam mais que o juro que você terá que pagar à instituição financeira pelo montante?

Comprar empresas endividadas?

==Diversificar pode ser, em alguns casos, distração e perda de foco. Mas também pode ser segurança, ou seja, "não colocar todos os ovos em uma cesta só".== Uma oportunidade no mercado para quem quer focar só em empresas é comprar empresas com dívidas, mas com EBITDA alto, ou seja, com grande potencial na operação, mas afogadas pela má gestão. Um bom comprador é aquele que terá boa habilidade de negociar e pagar à vista a dívida aos credores, dando fôlego e lucro para a empresa.

Atenção: construa negócios bem estruturados, pensando em *equity*, em *valuation*. Se a cada ano sua empresa valorizar, quando você quiser vendê-la, terá candidatos interessados em comprá-la por um bom preço.

Algumas curiosidades:

- Tenha renda principal, extra e passiva.
- Riqueza é fruto de trabalho e poupança.
- Riqueza é o que se gasta, e não o que se ganha.
- Aqueles muito racionais não se enriquecem, não sabem ganhar dinheiro.
- O objetivo principal deve ser a liberdade, e não a riqueza.

Segundo pilar: construção de riquezas

- Os ricos ficam mais ricos e os pobres ficam mais pobres. Os ricos continuam a fazer coisas que os fazem mais ricos e os pobres, coisas que os fazem mais pobres.
- Mas os pobres podem fazer coisas diferentes, coisas que os ricos fazem. Recursos? Quanto custa um livro? Um curso?
- Mantenha a família com dignidade, invista para o futuro, divirta-se, doe.
- Esteja com pessoas que o inspirem a ser melhor e não permita que as demais pessoas o puxem para baixo. Se você fizer o essencial que está a seu alcance, terá muito sucesso financeiro em seus negócios. Faça por merecer e não aceite menos que isso.
- Faça valer a pena os benefícios que existem em empreender em vez de um trabalho tradicional. Empreendendo com qualidade, você pode definir seus próprios horários, criar seu tempo livre, fazer escolhas das oportunidades que quiser, optando por aquilo que aquece a sua paixão e lhe traz independência. Nunca dê motivos para que seus negócios afetem a sua felicidade, tanto na falta de resultados quanto na abundância deles.

Embora muitos comparem a felicidade com o sucesso financeiro, a felicidade vai muito além do dinheiro. Priorizar as experiências de vida em detrimento das posses aumenta a felicidade. Use o sucesso para priorizar o melhor da vida, dando maior sentido a ela. O estado do seu corpo e da sua mente complementa o seu sucesso e convido você a deixar não apenas um legado financeiro para as próximas gerações como também um legado completo, de felicidade plena.

CAPÍTULO 6

TERCEIRO PILAR: FELICIDADE PLENA

"Se você apenas desejasse ser feliz, isso poderia ser facilmente conquistado. Mas queremos ser mais felizes do que os outros, e isso é sempre difícil, pois acreditamos que os outros são mais felizes do que eles realmente são."

Montesquieu

Há mais de trezentos anos, o filósofo e escritor francês Montesquieu explanou tão lindas palavras sobre a felicidade. Hoje, vivemos em um mundo de muito mais competitividade que na época de Montesquieu. As redes sociais nos servem o tempo todo para comparações, afetando crianças, adolescentes, jovens e adultos.

Minha filha, ainda com onze anos, um dia me abraçou em pé, colou o rosto sobre o meu peito e começou a chorar. Eu lhe perguntei o que estava acontecendo e ela disse que não gostava de si mesma, se achava feia e não era feliz. Eram comparações com um mundo que não era o real.

Comparava seus cabelos com os que via nas redes sociais, com fotos cheias de filtros e edições.

Quantos empreendedores olham para as empresas dos outros, para os modelos de negócios dos outros, para os segmentos em que os outros atuam?

Qual o corpo ideal para que você se sinta bem sem ter alguém com quem se comparar? Qual a história, legado, que você gostaria que as pessoas que você ama contassem de você se não houvesse alguém com quem se comparar? Qual a empresa feliz e exemplar que você gostaria de ter se não houvesse outras para comparar com a sua? O que você precisa ter em relação a sua saúde e bem-estar, em relação ao seu legado e à sua autorrealização plena?

Felicidade plena é o último pilar da Felicidade Empreendedora, e o dividiremos em quatro riquezas:

- **Saúde**: qualidade de vida, com a saúde do corpo e mente, tendo prazer em viver.
- **Propósito**: por que você faz o que faz e para quem.
- **Legado**: a construção de um legado justo e prazeroso, fazendo a diferença na vida das pessoas, deixando um exemplo a ser seguido pelos seus filhos, netos e todos aqueles aonde a sua história chegar.
- **Autorrealização plena (Felicidade Empreendedora)**: agora viver e empreender é algo prazeroso e gratificante. É viver uma vida de gratidão e felicidade!

Seguindo tudo o que foi apresentado e mais os passos que veremos neste capítulo, você construirá uma linda história durante sua jornada de vida, tornando-se exemplo e inspiração para essa e as próximas gerações. Você nunca mais vai dizer que empreender é difícil, e sim um meio de autorrealização e de contribuição para o desenvolvimento de pessoas, de um país, do mundo!

SAÚDE

Ter um corpo saudável é mais importante do que se preocupar com uma estética apresentável. Se for do seu interesse, tenha ambos. Seu corpo é o que vai conduzir você em toda a jornada rumo à felicidade plena.

Os hormônios da felicidade[34]

O quarteto da felicidade é composto dos neurotransmissores dopamina, endorfina, serotonina e ocitocina. Segundo estudos científicos, entre 35% e 50% desses hormônios são provenientes da nossa genética. Os outros 50% a 65% somos nós que os produzimos por meio do ambiente, da nossa alimentação, das atividades físicas, das meditações, do sono, das boas ações, dos pensamentos positivos, do que vemos e escutamos, das socializações e abraços.[35,36] Quando ocorre um desequilibro dos hormônios, o corpo pode reagir apresentando insônia, estresse, ganho de peso e, é claro, mau humor. Além disso, outras reações comuns são desmotivação e tendência a adiar tarefas e compromissos e, em casos graves, pode-se desenvolver quadros depressivos.

Você deve conhecer a expressão "tudo demais cansa". Nosso corpo precisa de variações para que nenhum desses hormônios fique em falta. Se você vive na agitação demasiada do trabalho, sem fazer pausas, acaba se esgotando. Meditar, por exemplo, vai baixar a adrenalina e

---

[34] GONÇALVES, F. Os hormônios da felicidade. **Portal Unimed**, 13 maio 2019. Disponível em: https://www.centralnacionalunimed.com.br/viver-bem/saude-em-pauta/os-hormonios-da-felicidade. Acesso em: 3 jun. 2023.

[35] ENTENDA como funcionam os hormônios da felicidade no nosso cérebro. **G1**, 1 jan. 2020. Disponível em: https://g1.globo.com/bemestar/noticia/2020/01/01/entenda-como-funcionam-os-hormonios-da-felicidade-no-nosso-cerebro.ghtml. Acesso em: 26 jul. 2023.

[36] BIOLOGIA para ser feliz. **Ciência hoje**, 2020. Disponível em: <https://cienciahoje.org.br/artigo/biologia-para-ser-feliz/>. Acesso em: 26 jul. 2023.

regular os hormônios da felicidade. Quem empreende precisa muito desses hormônios bem regulados para estar bem diante dos desafios cotidianos. Vamos saber um pouco mais sobre eles a seguir.

- A dopamina é o neurotransmissor principal na regulação dos processos motivacionais. Ela nos impulsiona a alcançar os objetivos. **Você precisa de motivação e de impulsionamento para alcançar seus objetivos?**
- A endorfina é liberada no organismo como um analgésico diante das situações de dificuldades, como dor e estresse, com o objetivo de amenizá-los. **Você precisa de amenização diante das dificuldades?**
- Serotonina é o neurotransmissor responsável por promover sensação de prazer e bem-estar. A ausência dessa substância no cérebro pode causar de mau humor a depressão. **Você precisa de bem-estar e prazer?**
- Ocitocina é conhecida por ser responsável por promover sensação de confiança, auxiliando na criação de laços nos relacionamentos de modo geral. É produzida no parto, na amamentação e durante o orgasmo. **Você precisa de confiança e se relacionar durante sua jornada?**

Seja um grande gestor do seu corpo para ser um grande gestor de seus negócios. Não digo que é regra geral, que toda pessoa que não faz gestão do corpo não faz também gestão da empresa. Penso que por questão de prioridade da pessoa, em algumas poucas exceções, pode ser que sim, a pessoa não faça uma boa gestão do corpo e consiga fazer da empresa, por uma questão de priorizar a empresa.

Mas são poucas exceções, da forma que fazemos uma coisa, costumamos fazer todas. Assim, priorize as seguintes atitudes:

- **Como você se alimenta.** Manter sua alimentação saudável é essencial para o bem-estar e ajuda na liberação do quarteto da felicidade.

Terceiro pilar: felicidade plena

- **Como você se movimenta.** Praticar atividades físicas com regularidade é outro fator essencial na liberação desses hormônios neurotransmissores.
- **Como você se recupera.** Ter momentos de prazer entre amigos, dormir bem e meditar também podem auxiliar a manter em alta os níveis desses hormônios.
- **Como você se sente.** Você tem prazer em viver, é apaixonado pelo que faz? Ou tem desequilíbrio com estresse, insônia, mau humor, desmotivação, procrastinação, depressão?

Tenha em mente que nenhum resultado financeiro é mais importante do que uma boa saúde física e mental.

Eu, particularmente, sou muito disciplinado com minhas atividades físicas. Procuro me exercitar em esportes que amo para não ficar com peso de sacrifício. Não gosto de academia e por isso sempre contrato um personal trainer para que eu consiga cumprir bem a rotina. Sempre estou acompanhado por um bom nutrólogo ou endocrinologista e com um bom plano alimentar. Tenho certeza de que isso me ajuda no desempenho nos meus negócios. Confesso que às vezes podemos cair na armadilha do tempo e vale a pena fazer a seguinte reflexão: criar tempo para cuidar voluntariamente do corpo é melhor que obrigatoriamente criar tempo para cuidar das doenças.

A seguir, algumas questões importantes para você refletir sobre o assunto.

Você é disciplinado para fazer a gestão da sua saúde física sem o auxílio de profissionais?

Qual o valor investido em profissionais para ajudar você?

_____

Esses profissionais são comprometidos com o seu resultado?

_____

Você se compromete com o que eles lhe pedem?

_____

Acredita que se você for exemplo em saúde e bem-estar, além de ser o principal beneficiado, poderá contagiar positivamente seus liderados? Por quê?

_____
_____
_____

Pense em três ações que você pode tomar imediatamente que farão você cuidar bem da sua saúde. Liste-as a seguir:

_____
_____
_____

PROPÓSITO

Qual o caminho normal que a maioria de nós toma em relação à nossa carreira?

Estudamos sem saber nem mesmo o porquê de tanta matéria que não nos interessa na escola. Minha filha, aos 10 anos, já perguntava por que tinha que fazer certas atividades enormes na escola, algumas questões de matemática quase sem fim. Chegamos ao ensino médio e ainda não sabemos qual faculdade fazer e acabamos escolhendo qualquer uma, a que talvez seja mais fácil ou por influência dos pais.

Durante a formação, boa parte se sente infeliz, não encontrando aquilo que esperava, e se perde no mercado de trabalho. Entra e sai de empresas, sempre à procura de algo que seja melhor, tentando se encontrar.

Será que a sequência da confusa carreira foi construída de maneira errada? E se as pessoas desenvolvessem o seu propósito, o seu porquê primeiro, antes de ingressar numa faculdade ou emprego? Por que não fazer antes treinamentos de desenvolvimento pessoal, autoconhecimento? Existem muitos institutos com essas metodologias.

Imagine você em uma faculdade aos 18 anos, estudando uma área de que goste tanto, a ponto de trabalhar de graça, com todo prazer em um projeto social na área. Agora pense o quanto você ganharia de dinheiro trabalhando nessa profissão de que tanto gosta!

Descubra seu propósito, seu porquê maior e não tenha apenas missões. Quando a pessoa descobre o grande porquê e sua missão está alinhada com ele, tudo fica mais fácil, inclusive empreender com felicidade.

Se você fala que seu propósito é ajudar as pessoas a ter uma vida melhor, por exemplo, mas vende produtos que destroem a saúde delas, há um desalinhamento entre sua missão, que é vender o produto, e o seu propósito, que é ajudar as pessoas a terem uma vida melhor.

E o propósito da sua empresa? Também precisa estar alinhado com o seu propósito pessoal e com a sua missão pessoal.

> "Quanto maior for o seu propósito, maior será a sua paixão, e quanto maior for a sua paixão, maior será a sua energia."
>
> **Doug Nelson**

Trata-se da essência da resiliência, já que, com um propósito forte, mesmo que os obstáculos sejam grandes, a força não se esgota, nos fazendo resistentes.

Reflita sobre as seguintes questões:

- Você faz o que faz apenas por necessidade?
- Você entrega além do básico necessário para as pessoas?
- Você encanta as pessoas?

Se a resposta foi não, em pelo menos duas das três perguntas, é provável que você cumpra apenas a sua missão.

Propósito é algo muito além de fazer o óbvio, a obrigação. Propósito gera emoção, paixão, energia, resiliência e crescimento. Se você executa, cumpre as suas obrigações no dia a dia, faz o que precisa ser feito, significa que sua missão é bem-feita. Mas missão, se você não fizer, outras pessoas farão.

Sabe aquela noite que você estava tão motivado e empolgado com o que iria fazer no outro dia, que foi difícil pegar no sono? Imagine se vivesse assim todos os dias em vez de acordar já cansado, irritado e querendo voltar para a cama.

Como é a sua segunda-feira? Você fica feliz no domingo à noite porque o dia seguinte é segunda-feira? Se você ama o fim de semana e as boas férias, saiba que quanto mais você amar a segunda-feira, amar o seu trabalho, melhores fins de semana e melhores férias você terá.

Terceiro pilar: felicidade plena

Quanto maior for o seu propósito, maior vai ser sua paixão para viver todos os dias.

Mudará a sua felicidade e você fará parte daquelas pessoas que amam quando escutam os passarinhos cantando de manhã, como um sinal de que o dia já está nascendo. Bem-vindo, novo dia!

Em seu livro *Pegue fogo*, Doug Nelson, palestrante e escritor norte-americano, afirma que 95% dos estadunidenses vão se aposentar sem liberdade financeira, mesmo sendo uma estatística em umas das principais potências econômicas do mundo.

Segundo ele, somente 5% das pessoas vão terminar seus dias de vida com dignidade, sem condições para honrar suas necessidades básicas.

Mas até quando serão 5%? E o que nós podemos fazer para que daqui a algum tempo sejam 7%, 10%?

Eu e você podemos ajudar as pessoas, colocando mais gente nesse grupo e aumentando esses 5%, contribuindo para que elas construam um legado melhor para as próximas gerações. Vou ajudá-lo a delimitar o seu propósito. Responda às perguntas a seguir.

Se você fosse uma pessoa muito rica e não precisasse mais trabalhar, o que faria no mundo?

_____
_____
_____

Se você soubesse que teria só mais trinta minutos de vida, o que imagina que poderia ter feito melhor ou o que deixou de fazer?

_____
_____
_____

O código dos negócios extraordinários

Se faltando apenas dez minutos para a sua morte chegasse alguém para negociar mais cinco ou dez anos de vida, o que faria de diferente para deixar um legado melhor para as pessoas que ama?

```
┌─────────────────────────────────────────────┐
│  _____     │
│                                             │
│  _____     │
│                                             │
│  _____     │
└─────────────────────────────────────────────┘
```

O que você gostaria que as pessoas escrevessem no seu epitáfio? O que gostaria que falassem a seu respeito?

```
┌─────────────────────────────────────────────┐
│  _____     │
│                                             │
│  _____     │
│                                             │
│  _____     │
└─────────────────────────────────────────────┘
```

Escreva nas linhas abaixo o resumo das respostas anteriores ou apenas a frase do seu epitáfio. Que esse seja seu propósito, seu grande porquê!

```
┌─────────────────────────────────────────────┐
│  _____     │
│                                             │
│  _____     │
│                                             │
│  _____     │
└─────────────────────────────────────────────┘
```

Faça esse exercício quantas vezes forem necessárias até descobrir o sentido maior do seu existir. Garanto que vai valer a pena.

LEGADO

É a perpetuação do propósito. É o que construímos em toda a nossa vida, o valor gerado e o impacto que causamos na vida das pessoas, se estendendo para quando não estivermos mais aqui. É o que você deixa de valor para benefício das outras pessoas, para que elas possam se inspirar em você e perpetuar o seu propósito, seguindo com o legado.

Sempre quando alguém que trabalha por três, sete ou dez anos na minha empresa e sai, fico me perguntando qual o legado ela está levando da empresa. O que a empresa fez de bom e de transformação para aquela pessoa que ela possa levar para a vida? Afinal, foram anos da vida dedicados à empresa e, embora tenha sido paga para isso, poderia ter escolhido outras empresas para trabalhar. Sou muito grato por todos que trabalharam e trabalham comigo.

Tanto empresa quanto colaboradores devem se preocupar com seus legados. São as junções, a soma dessas nossas passagens na vida de um e de outro, vivendo um propósito, que nos farão deixar um valoroso legado ao fim da nossa vida.

Devemos existir para fazermos a diferença, e não simplesmente sermos alguém indiferente, que não diminui, mas também não soma. Quem vive propósito deixa legado por onde empreende. Praticando o simples da gestão, a empresa não será mais um problema, e sim um canal, uma ferramenta para tornar o mundo das pessoas melhor. Existirá a confiança em delegar, em fazer parcerias, e não só crescer o negócio, mas multiplicá-lo.

Reflita sobre como você gostaria de ser lembrado. Isso fará toda a diferença para o seu sucesso pessoal e no seu negócio. Eternize a sua felicidade!

AUTORREALIZAÇÃO PLENA (FELICIDADE EMPREENDEDORA)

Empreender é a jornada de uma vida inteira. O primeiro passo pode parecer incerto, mas com ele temos uma certeza: após esse primeiro passo, nossa vida nunca mais será a mesma. Ser e fazer feliz é o que solidifica nossos resultados, pois a felicidade é nosso maior empreendimento.

Ser feliz, e não apenas estar alegre. Quem é feliz sabe lidar e passar pelos momentos de tristeza ou de falta de alegria. Imagine se você puder fazer o essencial, bem-feito, eliminando uma série de problemas na sua trajetória! E, quando passar por alguma dificuldade, terá discernimento para entender e superar. Você agora faz parte da Felicidade Empreendedora!

Empreender é para aqueles que querem fazer acontecer. Aqueles que têm iniciativas de enfrentar os desafios em prol dos seus sonhos, que beneficiam muito além de si mesmos e de suas próprias famílias. Você pode ser feliz!

O QUE É PRECISO PARA TER A FELICIDADE EMPREENDEDORA

Amar a si mesmo e ter um propósito. Amar o negócio e fazer o dever básico de uma boa gestão é a fórmula perfeita para a Felicidade Empreendedora. Ame-se todos os dias! Você merece o amor!

Como vimos no início, segundo pesquisa realizada pela consultoria Falconi, mais de 90% dos empreendedores não conseguem fazer uma gestão eficaz. O que os leva a não ter lucros e empreender acaba sendo algo de muito sacrifício. Eles permitem que isso afete a felicidade e contagiam negativamente outras pessoas. Quantos ganham muito dinheiro, mas não são felizes. Vivem amarrados em seus negócios, sem tempo para a família e para si mesmos. Morrerão um dia e não levarão nada, tendo vivido uma vida medíocre.

Terceiro pilar: felicidade plena

Você não precisa insistir em algo que o ferra todos os dias. Você pode ter a Felicidade Empreendedora! Você não pertence a nenhum dos dois grupos citados acima. E agora, depois de seguir todos os passos que lhe mostrei neste livro, você faz parte da Felicidade Empreendedora!

EXERCITE SEU LEGADO!

1. **Qual seria o legado deixado se hoje fosse seu último dia de vida?**

2. **O que você faria de diferente se pudesse voltar vinte anos no tempo?** Quais comportamentos você mudaria, quais valores fariam mais sentido para você?

3. **O que mudaria no seu legado se você pudesse voltar esses vinte anos no tempo?** Escreva e compare com o legado da pergunta 1.

4. Pense no pilar sabedoria emocional e felicidade plena que lemos neste livro. **O que você fará de diferente na vida a partir de hoje?**

---

5. Pense no pilar construção de riquezas que você estudou neste livro. **O que você faria de diferente se começasse a empreender hoje?**

---

6. Pense em si, nas pessoas que você ama e em todo o ecossistema para o qual você pode contribuir. **O que você se compromete a fazer nos seus negócios a partir de hoje para que possa alcançar seus sonhos e desejos?**

Você é mestre de si mesmo com a sabedoria emocional! Você é um construtor de riquezas! Você tem felicidade plena que perpetua para além do seu epitáfio!

> Empreender é a jornada de uma vida inteira. O primeiro passo pode parecer incerto, mas com ele temos uma certeza: após esse primeiro passo, nossa vida nunca mais será a mesma. Ser e fazer feliz é o que solidifica nossos resultados, pois a felicidade é nosso maior empreendimento.

CAPÍTULO 7

QUAL HISTÓRIA GOSTARIA QUE CONTASSEM DE VOCÊ E DE SEUS NEGÓCIOS?

É uma questão sobre a qual não pensamos com frequência, mas é importante. Quando nós nos formos, o que as pessoas vão dizer sobre nós? Que legado deixaremos?

Para alguns, pode ser a história de como superaram adversidades e alcançaram grande sucesso. Para outros, pode ser a história de como viveram uma vida cheia de amor e bondade. Ainda assim, outros podem querer ser lembrados por seu senso de humor ou por sua paixão por determinado hobby ou causa.

Seja qual for a história que você deseja que contem sobre você, é importante começar a vivê-la agora. Se você quer ser lembrado como alguém gentil e generoso, comece a procurar maneiras de retribuir à sua comunidade.

Se você quer ser lembrado como alguém que teve sucesso, comece a trabalhar para alcançar seus objetivos. Invista em si mesmo e na sua carreira. Aceite novos desafios, aprenda novas habilidades e nunca pare de se esforçar para ser a melhor versão de si mesmo.

Mas a história que você quer que contem sobre você não precisa ser sobre suas realizações ou sucessos. Pode ser sobre os relacionamentos que você constrói, as experiências que você tem e as memórias que você cria. Talvez seja uma história de amor, de encontrar sua alma gêmea e construir uma vida juntos. Ou talvez seja uma história de família, de criar filhos e criar um lar cheio de amor e alegria.

No fim das contas, a história que você quer que seja contada sobre você depende de você. Viva uma vida da qual você se orgulhe, uma vida cheia de alegria, amor e propósito. E, quando chegar a sua hora, a história que você deixará será uma que inspirará outras pessoas a viver suas melhores vidas também.

E sua empresa, após a sua morte, o que contará de você?

John foi o fundador e CEO de uma startup de tecnologia. Sua empresa estava focada no desenvolvimento de tecnologia de ponta que causaria um impacto positivo no mundo. John era um empreendedor visionário, apaixonado por inovação e comprometido com seus funcionários e clientes.

Sob a liderança de John, a empresa rapidamente se tornou líder na indústria de tecnologia, conhecida por suas ideias inovadoras e seu compromisso com a responsabilidade social. A visão de John era criar uma empresa que faria a diferença no mundo, e ele trabalhou incansavelmente para tornar essa visão uma realidade.

John era uma figura querida na indústria de tecnologia, conhecido por seu carisma, sua energia e sua paixão pelo trabalho que fazia. Ele era um líder natural, com talento para inspirar seus funcionários e motivá-los a fazer o melhor trabalho.

Infelizmente, John faleceu inesperadamente, deixando uma empresa que havia construído desde o início. Sua morte foi um choque para todos que o conheciam, e a empresa lutou para lidar com a perda de seu líder.

Mas, apesar da perda, a empresa continuou a prosperar, graças ao legado que John deixou. Seus funcionários trabalharam incansavelmente para levar adiante sua visão e causar um impacto positivo no mundo, em sua memória.

Hoje, o legado de John vive na empresa que ele fundou. Ele era mais do que apenas um empresário: ele era um visionário, um

Qual história gostaria que contassem de você e de seus negócios?

mentor e um amigo. E seu impacto na indústria de tecnologia e no mundo jamais será esquecido, mesmo se sua empresa deixar de existir.

E você, já pensou na história que sua empresa contará de você? É uma questão que não é frequentemente considerada, mas é importante. Seu legado não termina com sua vida, e a narrativa que você deixa pode ter um impacto duradouro em sua empresa e em seu sucesso futuro.

A história que sua empresa contará após sua morte é moldada pelos valores, missão, propósito e impacto que você instituiu em sua organização. É a história de como você construiu em vida algo especial, algo que continuará a prosperar muito depois de sua partida. É a história de como você inspirou outras pessoas a acreditar em sua visão e de como criou uma cultura de inovação, criatividade e excelência.

Mas a história que sua empresa conta após sua morte não tem a ver apenas com suas realizações ou sucessos. Tem a ver com relacionamentos que você construiu, as pessoas que você influenciou e as vidas que você tocou. Tem a ver com o impacto que você causou em seus clientes, funcionários e comunidade. Tem a ver com os valores que você defendeu e o legado que você criou.

Então, que história você quer que sua empresa conte após sua morte? Você quer que seja uma história de inovação e tecnologia de ponta, na qual os produtos e serviços da sua empresa definem o padrão do setor? Talvez você queira que seja uma história de responsabilidade ambiental e sustentabilidade, na qual o compromisso da sua empresa com o planeta seja uma inspiração para outras pessoas. Ou talvez você queira que seja uma história de atendimento excepcional ao cliente e a maneira como você tratou seus funcionários, na qual a dedicação de sua empresa às partes interessadas foi incomparável.

Seja qual for a história que você deseja que sua empresa conte de você, é importante começar a construir essa narrativa agora.

O código dos negócios extraordinários

Como exercício, escreva uma história sobre como você gostaria que sua empresa se lembre de você após a sua morte e cole-a na sua frente. Olhe para ela todos os dias e cobre-se para que a sua realidade na prática seja fiel a ela. Leia a história para a sua equipe e peça feedback para saber quais pontos não estão sendo praticados em conformidade com o que ela fala.

Tenho certeza de que, se o fizer, você se surpreenderá com os resultados da sua empresa e todos se orgulharão dela com você em vida e após a sua morte.

Aqui estão algumas dicas para ajudá-lo a criar uma história que será lembrada:

1. Identifique seus valores fundamentais que podem fazer a empresa ter sucesso. O que você representa? Quais são os princípios orientadores sobre os quais sua liderança e sua empresa opera? Lembra-se da cultura que estudamos no pilar construção de riquezas? Pense na cultura que você quer para o seu negócio.
2. Conte a história da sua empresa da forma que você deseja que ela seja: toda empresa tem uma história e a sua não é exceção. Seja a história de como você começou, seja dos desafios que você teve que superar para chegar aonde está hoje. Certifique-se de que sua história seja contada de uma forma convincente que ecoe com seu público. Conte como você atende seus clientes, sua relação com seus fornecedores, com seus colaboradores e parceiros.
3. Na história, simule você se envolvendo com seu público: as mídias sociais e outras plataformas digitais oferecem uma grande oportunidade de se envolver com seu público e construir a narrativa de sua empresa. Responda a comentários, compartilhe histórias e conteúdos alinhados com os valores de sua empresa e crie uma comunidade em torno de sua marca.

Qual história gostaria que contassem de você e de seus negócios?

4. Meça seu sucesso: durante a história que deseja contar sobre sua empresa, é importante acompanhar seu progresso e medir seu sucesso. Cite métricas como satisfação do cliente, engajamento de mídia social e moral dos funcionários para avaliar quão bem a narrativa de sua empresa está ressoando com seu público.
5. Mostre seu impacto: os consumidores de hoje querem fazer negócios com empresas que estão causando um impacto positivo no mundo. Por meio de doações, iniciativas ambientais ou programas comunitários, certifique-se de que seu impacto esteja integrado à narrativa de sua empresa.

No final, a história que sua empresa conta após sua morte é um reflexo de quem você era como líder, inovador e ser humano. É uma prova do impacto que você causou no mundo e da diferença que fez na vida de outras pessoas. Portanto, vá lá e crie uma história digna de ser contada, uma história que inspirará outras pessoas a acreditar em sua visão e uma história que deixará um impacto duradouro no mundo.

O que a sua empresa contará de você é o espelho do que as pessoas e gerações futuras contarão de você. Lembre-se de que o que você fez no passado é a sua história de hoje e o que você faz hoje é a sua história de amanhã.

Ana era uma empreendedora apaixonada que sempre teve um sonho de fazer algo grande e deixar um legado. Ela começou sua jornada empreendedora com muita dedicação e esforço, trabalhando incansavelmente para construir seu negócio. Acreditava que o sucesso vinha com muito trabalho duro e persistência.

Quando seu negócio de startup começou a decolar, Ana viu todas as suas expectativas se tornando realidade. Sua empresa estava crescendo rapidamente e ela estava prestes a se tornar milionária. No entanto, devido a algumas más decisões empresariais e falta de ética, seu negócio começou a desmoronar.

Ana ficou arrasada com a perda de seu negócio. Ela havia investido todo o seu tempo, dinheiro e esforço nisso e agora estava tudo acabado. Ela se sentiu envergonhada e fracassada, mas, em vez de desistir, Ana decidiu começar de novo.

Ela sabia que precisava aprender com seus erros e evitar repeti-los. Procurou a ajuda de um mentor que tinha experiência na mesma área que ela. O mentor foi capaz de oferecer conselhos valiosos e orientação sobre como reverter a situação. Ana também começou a se educar sobre como ser uma líder e empreendedora melhor. Leu livros, participou de seminários e procurou conselhos de outros empreendedores bem-sucedidos.

Com o tempo, Ana começou a reconstruir sua empresa. Trabalhou mais do que nunca e sempre se certificou de fazer a coisa certa. Foi honesta com seus clientes e funcionários e colocou suas necessidades em primeiro lugar. Ela se certificou de priorizar a qualidade em vez da quantidade e criar uma cultura de excelência e inovação.

À medida que sua empresa voltou a crescer, Ana percebeu que havia ganhado uma nova apreciação pela jornada. Aprendeu que o sucesso não é apenas ganhar dinheiro, mas também fazer a coisa certa e ter um impacto positivo no mundo. Ela se tornou mais resiliente e adaptável e desenvolveu uma compreensão mais profunda do que é preciso para ser um empreendedora de sucesso.

Depois de alguns anos, a empresa de Ana estava de volta ao topo. Ela se redimiu e se tornou uma empreendedora respeitada em seu mercado. Aprendeu que nunca é tarde demais para começar de novo e que, às vezes, o fracasso em determinado projeto pode ser o melhor professor. Ana estava orgulhosa do que havia conquistado e sabia que sua jornada a tornara uma pessoa e líder melhor.

Comece hoje a construir uma história muito mais inspiradora e impactante.

Sua relação com seus negócios não mais será de amor e ódio, mas apenas de amor, pois você empreende com plena felicidade.

Qual história gostaria que contassem de você e de seus negócios?

Seu jogo mudou de tamanho e seu comportamento nesse jogo também. Você não é mais reclamador, justificador e não vive colocando a culpa nos outros. Você empreende para vencer e com placar elástico. Você é dono e mestre de si mesmo, sabe se relacionar e fazer gestão de pessoas. Empreender para você não é mais estressante e deprimente, e sim fácil, recompensador e gratificante. Sua felicidade aumenta, e não diminui por causa de seus negócios.

Você joga na construção de riquezas e nenhuma crise econômica será capaz de abalar suas finanças, pois, além de fazer gestão, ter engenhosidade e criatividade, sabe gerar lucros, faz reservas financeiras e cresce seu capital por meio de investimentos inteligentes.

Você colabora na construção de um mundo melhor por meio de um grande propósito e deixará um legado exemplar para as próximas gerações.

Em nenhum dia da sua vida, esqueça essas palavras e pratique sempre com paixão e felicidade as ações que levem você à Felicidade Empreendedora.

CAPÍTULO 8

SUA HISTÓRIA AGORA!

Você ter a consciência de que pode criar os resultados que deseja é muito poderoso. Quantas pessoas para as quais ninguém dava nada saíram do zero e criaram negócios milionários? Outras, depois de muito sucesso, se meteram em situações caóticas e, mesmo que ninguém acreditasse, viraram o jogo surpreendentemente. Esse é o ser humano, cheio de recursos internos, capaz de construir o inacreditável. Esse é você, e esse você acredita em você.

Parabéns por ter chegado até aqui. Você é incrível! Nessa jornada, que a felicidade faça parte do seu cotidiano todos os dias, tanto na gestão da sua vida quanto dos seus negócios.

Faça valer a pena o ar que você respira, dádiva do Criador. Cada nascer do sol, o café da manhã, o cuidado com seu corpo, suas horas de trabalho, seu almoço, seu jantar, sua família, seus amigos, as pessoas que cruzam seu caminho, seus hobbies, suas noites de sono, seu fim de semana, suas férias. Faça tudo valer a pena e celebre sua felicidade.

A felicidade é um sentimento lindo que enche nossos corações de alegria e positividade. É o sentimento de contentamento que vem de saber que somos amados, apreciados e cercados de coisas boas na vida. A felicidade não é apenas uma emoção passageira, mas um estado de espírito que podemos cultivar e nutrir ao longo do tempo.

Devemos celebrar a felicidade em todas as suas formas, sejam os simples prazeres da vida – como um café quentinho em uma manhã fria ou um bom livro que nos transporta para outro mundo –, sejam os grandes momentos – como uma nova sociedade ou o nascimento de um filho. Vale a pena celebrar e valorizar cada momento de felicidade.

A felicidade não é importante apenas para o nosso bem-estar pessoal, mas também para o bem-estar daqueles que nos rodeiam. Quando estamos felizes, irradiamos energia positiva e inspiramos os outros a sentir o mesmo. Ao celebrar a felicidade, podemos criar um efeito cascata que espalha alegria e positividade à nossa volta, em nossas comunidades.

Então, vamos reservar um momento para celebrar a felicidade hoje e todos os dias. Vamos apreciar as coisas boas da vida, contar nossas bênçãos e compartilhar nossa felicidade com as pessoas ao nosso redor. Vamos escolher focar o positivo e cultivar uma mentalidade de gratidão e alegria. Afinal, a felicidade é um presente que continua presente e, quanto mais a celebramos, mais a convidamos para nossas vidas.

Celebrar os resultados dos negócios com colaboradores, família e amigos é mais do que apenas comemorar o sucesso. Trata-se de criar uma cultura de apreciação, gratidão e conexão que pode inspirar crescimento e sucesso contínuos nos próximos anos.

Como proprietário de uma empresa, seu sucesso tem o poder de criar uma mudança positiva no mundo. Ao criar um negócio bem-sucedido e sustentável, você pode contribuir para o bem-estar de seus colaboradores, clientes e do mundo ao seu redor.

A operação bem-sucedida do seu negócio pode ter impactos positivos em muitas pessoas, incluindo seus funcionários, clientes e a comunidade em geral.

Uma maneira pela qual o sucesso do seu negócio pode beneficiar outras pessoas é criando oportunidades de emprego. Quando

Sua história agora!

sua empresa cresce e se expande, pode ser necessário contratar funcionários adicionais para atender à demanda. Ao fornecer oportunidades de emprego, você não está apenas ajudando a sustentar os meios de subsistência de seus funcionários, mas também está contribuindo para o crescimento econômico e a estabilidade de sua comunidade.

Outra maneira pela qual o sucesso do seu negócio pode beneficiar outras pessoas além de você é melhorando a vida de seus clientes. Ao fornecer produtos ou serviços de alta qualidade, você pode ajudar a resolver problemas e atender a necessidades e desejos de seus clientes. Isso pode levar a uma maior satisfação do cliente, lealdade e negócios de referência. Por sua vez, isso pode impactar positivamente a vida das pessoas com quem seus clientes interagem, como amigos e familiares.

Além de seus funcionários e clientes, o sucesso do seu negócio pode beneficiar a comunidade em geral. Por exemplo, você pode optar por apoiar instituições de caridade locais, patrocinar eventos comunitários ou participar de iniciativas ambientais. Essas ações podem ajudar a melhorar a qualidade de vida em sua comunidade e criar uma reputação positiva para o seu negócio.

Em resumo, o sucesso do seu negócio tem o potencial de beneficiar muitas pessoas. Ao criar oportunidades de emprego, melhorar a vida dos clientes e contribuir para a comunidade em geral, você pode criar um impacto positivo que se estende além das paredes do seu negócio.

Então, vamos celebrar o sucesso de nossos negócios e reconhecer os impactos positivos que eles podem ter sobre os outros. Ao nos concentrarmos na criação de negócios bem-sucedidos e sustentáveis, podemos criar um mundo melhor para todos.

Um grande exemplo de empreendedor que beneficiou muitas pessoas com o sucesso de sua empresa é Blake Mycoskie, fundador da TOMS Shoes.

Quando Mycoskie viajou para a Argentina em 2006, ficou comovido com a quantidade de crianças que viu sem sapatos para proteger os pés. Essa experiência o inspirou a criar a TOMS Shoes, uma empresa que doa um par de sapatos para uma criança carente a cada par de sapatos vendido.

Desde a sua fundação, a TOMS Shoes doou mais de 100 milhões de pares de sapatos para crianças carentes em todo o mundo. Além das doações de calçados, a TOMS expandiu seu impacto para incluir outras áreas, como água potável, práticas seguras de parto e prevenção de bullying.

Ao criar um negócio bem-sucedido e sustentável, a Mycoskie conseguiu causar um impacto significativo na vida das pessoas em todo o mundo. Seu compromisso com a responsabilidade social inspirou outras empresas a seguir seus passos e usar seu sucesso para criar mudanças positivas.

Além de seu impacto social, a TOMS Shoes teve sucesso como negócio. A empresa expandiu suas ofertas de produtos para incluir óculos e bolsas e foi reconhecida como líder em moda sustentável e ética.

No geral, Blake Mycoskie e TOMS Shoes são um exemplo inspirador de como o sucesso nos negócios pode beneficiar muitas pessoas além do empresário. Ao priorizar a responsabilidade social e criar um negócio bem-sucedido e sustentável, a Mycoskie causou um impacto duradouro no mundo. Esse legado será lembrado como exemplo para as próximas centenas de anos.

Assim como Blake e tantos outros que fizeram ou fazem a diferença no mundo, você também pode fazer. O segredo é começar, mesmo que seja nos pequenos gestos. Quem faz bem no pouco, o muito lhe será confiado. Você tem todas as ferramentas necessárias para poder sonhar e tornar realidade:

- Por meio da sabedoria emocional, você pode construir uma linda jornada a partir de todos os recursos disponíveis que estão dentro de você e que o fazem se relacionar bem consigo mesmo e com o mundo. Você se reconhece numa identidade

capaz de criar, pivotar ou inovar soluções que resolvem os problemas do mercado. Sua comunicação coerente e convincente reverbera desde sua casa, no mundo e nos negócios.
- Você pode construir riquezas, pois suas ideias e ações são tão poderosas que sua liderança tem poder de convencer as pessoas a querer estar com você. Suas equipes compram o que você vende e, se você vende para si mesmo e para suas equipes, os clientes vão comprar de você. Sua cultura é tão forte e eficaz que contagia seu time a fazer o que é preciso para encantar os clientes, principalmente quando você não está presente na empresa. Sua gestão e seus processos são essenciais, práticos e eficientes e dão sustentabilidade e equilíbrio em todos os setores, o que faz o seu comercial estar focado nas vendas, tendo a certeza de que o que for prometido para os clientes será cumprido. Sua empresa será grande geradora de receita e seu financeiro será exemplar, gastando no que for apenas necessário e fazendo investimentos inteligentes. Os percalços do trajeto para você são transformados em aprendizados e oportunidades e você atrai a prosperidade.
- Você passou a existir a partir de um ser quase invisível no ventre de sua mãe. Você nasceu, cresceu e se tornou adulto. Em seu corpo está a fonte de seus resultados. Seu bem-estar físico e mental tem um impacto direto na sua capacidade de atingir seus objetivos. Cuidar do seu corpo praticando exercícios regularmente, comendo uma dieta balanceada e dormindo o suficiente é crucial para manter um estilo de vida saudável. Além disso, cuidar de sua saúde mental por meio de práticas como atenção plena, meditação e terapia pode ajudá-lo a manter o foco e a motivação. Lembre-se: seu corpo é sua ferramenta para o sucesso, então priorize cuidar dele.

Sua gratidão, felicidade e prazer pela vida fazem nascer em você um propósito forte, capaz de mantê-lo apaixonado pelo que faz e com muita energia. Assim, pensamentos e ações que consequentemente farão você não ser apenas mais um vivendo no planeta Terra, mas alguém que ficará marcado por um legado que adentra as gerações futuras.

Na sua jornada, você é o protagonista, o comandante do seu barco, do seu navio. Escreva as linhas e o mapa de onde você quer passar e, se necessário, desenhe novos mapas. "A partir de hoje escrevo uma nova e inspiradora história." Essas palavras carregam uma poderosa mensagem de transformação e renovação. Elas nos lembram que temos o poder de criar uma nova narrativa para nossas vidas, cheia de esperança, possibilidade e propósito.

Escrever uma história nova e inspiradora exige que tomemos posse de nossas vidas. Significa reconhecer que temos o poder de moldar nosso próprio destino e que nosso passado não define nosso futuro. Significa abandonar as crenças e comportamentos que nos impediam e tomar medidas deliberadas em direção aos nossos objetivos.

Para escrever uma história nova e inspiradora, me disponho a correr riscos, sair de minha zona de conforto, abraçar e fazer meus sonhos se tornarem realidade. Empreender é renunciar às coisas que não me servem mais e buscar novas oportunidades de crescimento e desenvolvimento.

Abro os olhos e crio uma visão clara da vida que quero criar e devo tomar medidas deliberadas para tornar essa visão uma realidade. Vou tornar as coisas fáceis.

Quando escrevemos uma história nova e inspiradora, nós nos abrimos para novas possibilidades e oportunidades. Nós nos tornamos mais resilientes, mais adaptáveis e mais confiantes em nossa capacidade de superar obstáculos. Nós nos tornamos a melhor versão de nós mesmos, vivendo uma vida autêntica e gratificante.

Quando escrevemos uma história nova e inspiradora, nos tornamos os arquitetos de nossas próprias vidas. Criamos um futuro repleto de propósito e significado e inspiramos outras pessoas a fazer o mesmo.

Sua história agora!

Portanto, lembre-se de que você tem o poder de escrever uma história nova e inspiradora. Você pode reescrever sua narrativa e criar um futuro alinhado com seu verdadeiro eu. Você pode se tornar a pessoa que sempre quis ser e inspirar outras pessoas a fazer o mesmo.

> "Persistirei até vencer.
> Não permitirei que o êxito de ontem me embale na complacência de hoje, pois essa é a grande razão do fracasso. Esquecerei os acontecimentos do dia anterior, sejam eles bons ou maus, e saudarei o novo sol com a confiança de que este será o melhor dia da minha vida.
> Até onde o fôlego me acompanhar, persistirei. Pois, agora, começo um dos maiores princípios do êxito; se persisto o bastante, vencerei.
> Eu persistirei. Eu vencerei."
>
> *Og Mandino*[37]

Então, dê o primeiro passo hoje e comece a escrever sua nova e inspiradora história.

Como comandante de sua jornada, comprometa-se consigo mesmo e não deixe de prestar contas. Faça um termo de compromisso e olhe para ele todos os dias.

Empreendo com facilidade, sucesso e felicidade.

Não preciso sofrer para fazer as mudanças necessárias em meus negócios. Eu sou exemplo em gestão e posso trabalhar com as pessoas que amo, pois sei separar com clareza os papéis e as funções de cada um.

---

[37] MANDINO, O. **O maior vendedor do mundo**. Rio de Janeiro: Record, 1978.

O código dos negócios extraordinários

Eu faço meus negócios crescerem com sustentabilidade, de maneira exemplar e vivo uma vida empreendedora empolgante, sem sofrer como nos exemplos anteriores.

Construo empresas no estado da prosperidade, e não da sobrevivência. Crio equipes sensacionais que geram renda passiva e me dão condições para que eu empreenda, desenvolva outros negócios ou faça o que eu quiser com o meu tempo livre.

Sou gerador de lucros e faço investimentos inteligentes com eles. Faço reservas financeiras e sou blindado financeiramente para enfrentar adversidades.

Minhas empresas vivem longe do estado da miséria e da sobrevivência. Elas vivem no estado da prosperidade.

Eu vivo um propósito genuíno e construo um legado inspirador que cruzará fronteiras e gerações.

Eu serei lembrado pelas pessoas que eu amo por

_____

_____

_____

BÔNUS

Parabéns por ter completado a leitura. Obrigado por ter confiado em meu trabalho.

Neste livro, provei que empreender não dói e ensinei como você pode facilitar a sua vida e ser feliz empreendendo. E, se deseja continuar feliz comigo nessa jornada empreendedora, escaneie o QR Code e tenha acesso ao conteúdo que preparei especialmente para você, que chegou até aqui.

MATERIAL DE APOIO

CARNEGIE, D. **Como fazer amigos e influenciar pessoas**. Rio de Janeiro: Sextante, 2019.

COLLINS, J. **Como as gigantes caem**. Rio de Janeiro: Alta Books, 2018.

DE CHIARA, M. 80% dos brasileiros não controlam suas finanças. **Exame**, 24 fev. 2014. Disponível em: https://exame.com/invest/minhas-financas/80-dos-brasileiros-nao-controlam-suas-financas-2/. Acesso em: 3 jun. 2023.

DEPRESSÃO: o guia completo sobre este transtorno mental. **Instituto de Psiquiatria Paulista**. Disponível em: https://psiquiatriapaulista.com.br/tudo-sobre-depressao/. Acesso em: 3 jun. 2023.

EKER, T. H. **Os segredos da mente milionária**. Rio de Janeiro: Sextante, 2006.

FERNANDES, M. **Felicidade dá lucro**: lições de um dos líderes empresariais mais admirados do Brasil. São Paulo: Portfolio-Penguin, 2015.

FERREIRA, M. L. A história dos Três Reis Magos (que não eram três, nem reis, nem magos). **Observador**, 6 jan. 2016. Disponível em: https://observador.pt/2016/01/06/historia-dos-tres-reis-magos-nao-eram-tres-reis-magos/#. Acesso em: 3 jun. 2023.

HOLIDAY, R. Como você faz qualquer coisa é como você faz tudo. **Administradores**, 12 jun. 2019. Disponível em: https://administradores.com.br/artigos/como-voce-faz-qualquer-coisa-e-como-voce-faz-tudo. Acesso em: 29 jun. 2023.

KEPLER, J.; OLIVEIRA, T. **Os segredos da gestão ágil por trás das empresas valiosas**. São Paulo: Gente, 2019.

MCKEOWN, G. **Essencialismo**: a disciplinada busca por menos. Rio de Janeiro: Sextante, 2015.

MUNIZ, D. Os 5 pilares da gestão financeira. **Consultei**, 12 mar. 2019. Disponível em: https://consulteiconsultoria.com.br/blog/os-5-pilares-da-gestao-financeira/. Acesso em: 18 jul. 2023.

PINHEIRO, D. P. N. A resiliência em discussão. **Psicologia em estudo**, v. 9, n. 1, p. 67–75, 2004. Disponível em: https://doi.org/10.1590/S1413-73722004000100009. Acesso em: 26 jul. 2023.

ROSS, A.; TYLER, M. **Receita previsível**. São Paulo: Autêntica Business, 2021.

SALMEN, I.; MARQUES, L. **Empreender**: a arte de se f*der todos os dias e não desistir. São Paulo: Gente, 2021.

SANTOS, L. K. DA P. D.; SANTANA, C. DE C.; SOUZA, M. V. O. DE. Ações para o fortalecimento da resiliência em adolescentes. **Ciência & saúde coletiva**, v. 25, n. 10, p. 3933–3943, 2020. Disponível em: https://doi.org/10.1590/1413-812320202510.22312018. Acesso em: 26 jul. 2023.

SINEK, S. **Comece pelo porquê**. Rio de Janeiro: Sextante, 2018.

SINEK, S. **The responsibility of leaders**. 2020. Vídeo (1min. 16s.). Publicado pelo canal: Teleperformance Group. Disponível em: https://www.youtube.com/watch?v=HOUNO38K2nk. Acesso em: 18 jul. 2023.

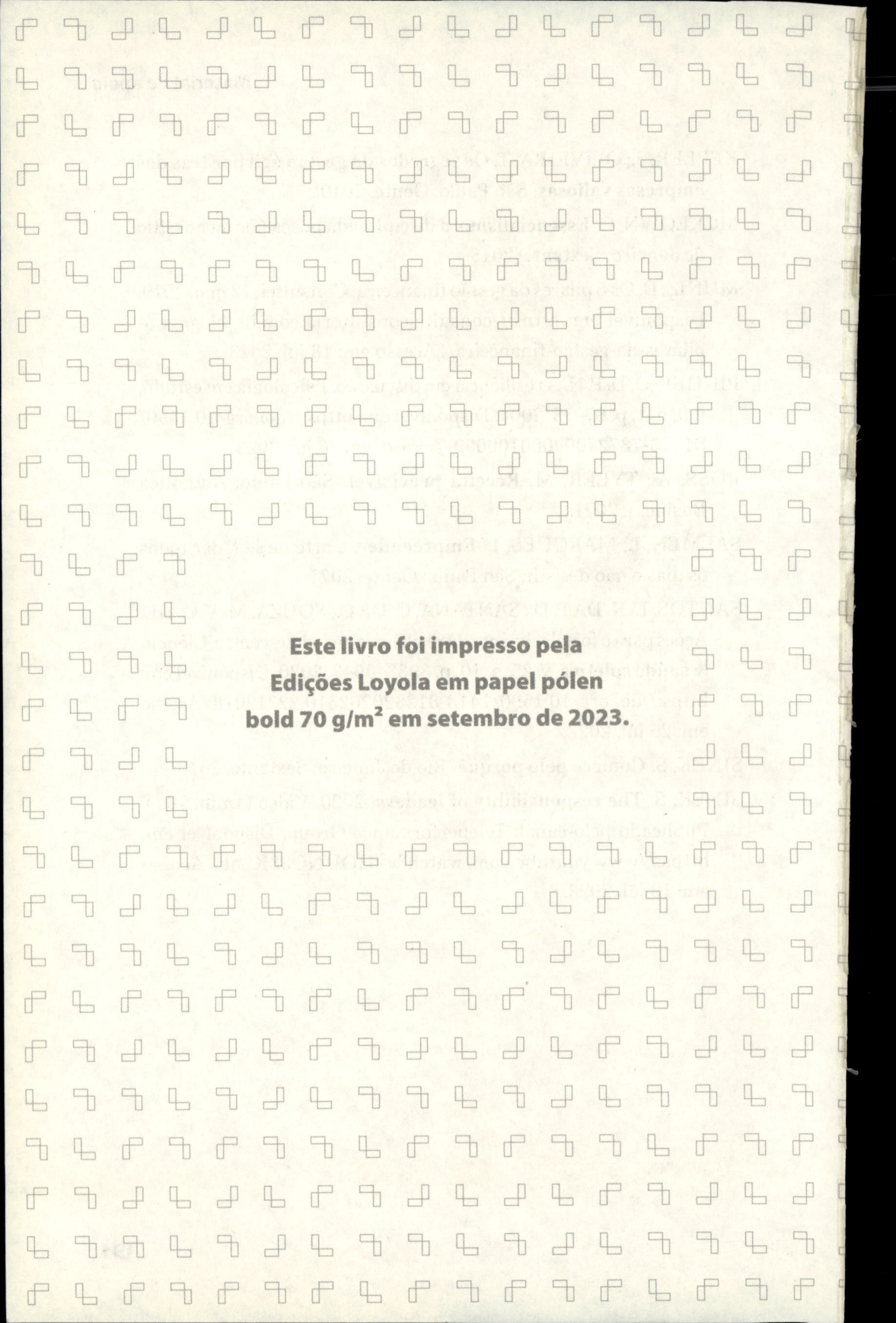

Este livro foi impresso pela
Edições Loyola em papel pólen
bold 70 g/m² em setembro de 2023.